Finnguil Williams
: How to Get into the Most Prestigious
MBA Programs in the U.S.

미국 MBA, 준비부터 합격까지
How to Get into the Most Prestigious MBA Programs in the U.S.

저　　　자	Finnguil Williams Admissions Consulting & Research Institute	
발　행　인	정서연	
편　　　집	김병찬	
발　행　처	아이네아스	
1판 1쇄 인쇄	2020년 6월 30일	
1판 1쇄 발행	2020년 7월 7일	
주　　　소	서울시 강남구 선릉로 524	
출판·강연·인터뷰 등 문의	aeneas753@naver.com	
주 문 전 화	(02) 501-1628	
주 문 전 송	(02) 501-2183	
등　　　록	2014년 8월 21일 제2014-000235호	

· 책 주문을 위한 신규 계약은 aeneas753@naver.com 로 먼저 연락해 주시기 바랍니다.

How to Get into the Most Prestigious MBA Programs in the U.S.

미국 MBA, 준비부터 합격까지

GMAT, 지원에세이 샘플, 인터뷰,
학교 정보까지 한 권으로 끝내기

*Finnguil Williams Admissions Consulting
& Research Institute* 지음

아이네아스
Aeneas

여섯 번째 책을 펴내며…

『한 권으로 끝내는 미국 유학』을 시작으로 여러 권의 미국유학 관련서적을 써내려 가다보니 어느새 여섯 번째 책을 내게 되었다. 이번 책은 나름의 사연이 있다. 위에 언급한『한 권으로 끝내는 미국 유학』이 미국 대학 학부와 대학원 지원자들에게 놀랄 정도로 사랑을 받으면서 '미국유학을 가려면 꼭 읽어야 하는 책'이 되었다. 하지만, 그 책에서 다루지 못한 분야가 하나 있었으니 그것이 바로 MBA이다. 바로 이 미국 MBA에 대한 모든 것을 다루는 것이 이 책의 목표이다.

우선『한 권으로 끝내는 미국 유학』이 전반적으로 모든 분야를 아우르다보니 MBA와 관련된 정보를 포함시키기 곤란한 면이 있었다. 이에 최대한 빨리 미국 MBA 관련 정보서를 내놓고 싶었지만,『미국 대학원 합격 전략과 SOP 샘플집』이나『GRE 버벌섹션 고득점 공략집』과 같이 일반대학원 지원자들을 위한 책의 집필에 시간을 먼저내야 했기에 이제야 MBA 서적을 펴내게 되었다. 우선 오랜 기간 동안 이 책을 기다려준 독자 분들에게 미안한 마음을 전한다. 최대한 빨리 책을 출간하고 싶었지만, 책을 쓰는 것과 클라이언트들의 미국대학 지원서와 에세이를 준비해주어야 하는 등, 동시에 여러 가지 일을 해야 했기에 불가피하게 몇 년의 시간이 훌쩍 흘러버렸다. 다시 한 번 미안한 마음을 전하고, 또 기다려 주신 분들의 인내심에 감사드린다.

다소 시간이 걸리기는 했지만, 덕분에 10년이라는 기간 동안 누적시킨 자료를 이 책에 충실히 반영할 수 있게 된 것은 한편 다행이라는 생각이 든다. 다른 지원자들, 즉 학부나 일반대학원에 비해 MBA 지원자는 그 수가 상대적으로 적을 수밖에 없다. 따라서 동일한 수준의 분석 자료를 모으려면 시간이 더 걸리는 것은 너무도 당연했다. 한국에서 미국 MBA를 지원하는 지원자들의 시장이 그렇게 큰 것은 아니기에 주요대학을 대상으로 한 자료들을 일단 분석이 충분히 가능한 수준까지 누적시키기 위해서는 그만큼 '세월의 무게'가 필요했다. 우연인지 필연인지 다소 지연된 이 책의 출판 시점이 그 '시간'을 충족시켜 준 셈이다.

이 책은 크게 세 부분으로 구성되어 있다. Part I에는 미국 MBA를 가기 위해 지원자가 해야 하는 준비사항들을 정리해 놓았다. 한국에는 미국 MBA 관련정보가 굉장히 부족하기 때문에 이제 처음 지원준비를 시작하는 지원자라면 처음부터 끝까지 정독하고, 필요한 부분은 여러 번 읽어 숙지하길 부탁드린다. 이렇게 체계적으로 미국 MBA 관련 정보를 전달해주는 책은 한국에서는 이 책이 유일한 까닭에 가능하면 많은 분들이 활용할 수 있었으면 좋겠다는 바람이다. Part II는 미국 MBA 프로그램들에 대한 정보이다. 각 학교별 특징과 준비사항들을 총정리 해놓았다. 이 역시 다른 곳에서는 구하기 불가능한 자료로, 혼자 준비하는 지원자라면 원서제출 때까지 곁에 두고 살펴보면서 아주 유용하게 이용할 수 있을 것이다. 마지막 부록에는 지원 (1)에세이 샘플과, (2)유럽 MBA 프로그램들에 대한 정보, 그리고 (3)미국 MBA에 대한 총체적인 질문&답변까지, 그야말로 모든 상세 정보를 실으려고 노력하였다.

미국 MBA 지원하려는 한국인 지원자들에게는 불행한 일이지만, 이 책을 제외한다면 국내에 미국 MBA에 대해 체계적인 정보를 정리해 놓은 책은 없다. 인터넷을 통해 미국 측 정보를 수집하는 방법이 있겠지만, 시간도 오래 걸리고 검증된 정보를 구하는 것이 결코 만만치 않은 작업일 것이다. 그래서 이 책이 지원자들에게 큰 도움이 되리라는 점에 있어 그 누구보다 확신을 가지고 있다. 이런 확신이 지원자들의 합격으로 이어져, 모든 분들이 자신의 목표와 꿈에 조금 더 가까워졌으면 하는 바람이다. 이 책과 함께 하는 독자들의 행운을 진심으로 기원한다.

2020년 6월 1일
오래 이 책을 기다렸을 한 분 한 분을 떠올리며...

Part 1

미국 MBA 준비와 합격전략

저자 서문
여섯 번째 책을 펴내며… · · · · · · · · · · · 4

Chapter 1.
최고의 미국 MBA 프로그램 합격을 위한 첫 번째 준비들

- ♦ MBA는 왜 필요할까? · · · · · · · · · · · 18
- ♦ 왜 미국 MBA인가? · · · · · · · · · · · · 21
- ♦ 미국 MBA 준비, 언제 준비를 시작해야 할까? · · · · 24
- ♦ 미국 MBA 선발은 어떻게 이루어질까?
  합격과 불합격의 신호들 · · · · · · · · · · · 28

Chapter 2.
최적의 지원을 위한 요건들

- ♦ GMAT과 GRE 준비는 어떻게 해야 할까? · · · · · · 36

목차 **7**

- ♦ 자신의 커리어 빌드업 과정은 어떻게 드러내야 할까? · 38
- ♦ 스스로를 최고의 지원자로 포장하는 방법은? ····· 41
- ♦ 개인적인 영역에서 고려해야할 사항들은? ····· 45
- ♦ 커리어 영역에서 고려해야할 사항들은? ······ 48

Chapter 3.
지원 에세이

- ♦ 지원 에세이, 합격에 어떻게 중요한 역할을 할까? ··· 53
- ♦ 지원 에세이 Type 1 ················ 55
  - 나의 약점과 실패의 경험은 무엇인가?
- ♦ 지원 에세이 Type 2 ················ 57
  - 나의 강점과 성공의 경험은 무엇인가?
- ♦ 지원 에세이 Type 3 ················ 61
  - 창의력과 혁신을 제시할 수 있는가?
- ♦ 지원 에세이 Type 4 ················ 64
  - 왜 당신의 인생에 MBA가 필요한가?
- ♦ 지원 에세이 Type 5 ················ 67
  - 당신은 준비된 리더인가?
- ♦ 지원 에세이 Type 6 ················ 70
  - 당신의 도덕적 관점은 무엇인가?
- ♦ 지원 에세이 Type 7 ················ 74
  - 당신이 보여줄 수 있는 다양성과 특수성은 무엇인가?

Chapter 4.
인터뷰 준비

- ♦ 지원 에세이의 일부로서의 인터뷰:
  비디오 에세이란 무엇일까? · · · · · · · 78
- ♦ 비디오 에세이는 어떤 질문들로 구성되어 있을까? · · · 80
- ♦ 유명한 과거 비디오 에세이 질문 100제 · · · · · · · 83
- ♦ 비디오 에세이 준비를 위해 무엇을 해야 할까? · · · · 95
- ♦ 합격의 마지막 관문 인터뷰, 어떤 방식으로 이루어질까? · 101
- ♦ 인터뷰에서는 무엇을 알아보기 위한 것일까? · · · · · 103
- ♦ 인터뷰 질문유형별 대처전략은? · · · · · · · · · · 105

Part 2

미국 최고의 MBA 프로그램들

- ♦ 미국 최고의 MBA 프로그램 선정기준 · · · · · · · · 110

- ♦ **Baruch College (Zicklin)** · · · · · · · · · · 114
  : 뉴욕시립대 버룩 칼리지 - 지클린 경영대

- ◆ Boston College (Carroll) · · · · · · · 120
  : 보스턴 칼리지 – 캐롤 경영대

- ◆ Boston University (Questrom) · · · · · 126
  : 보스턴 대학교 – 퀘스트롬 경영대

- ◆ Carnegie Mellon University (Tepper) · · · · · 134
  : 카네기 멜론 대학교 – 테퍼 경영대

- ◆ Columbia University · · · · · · · 138
  : 컬럼비아 대학교

- ◆ Cornell University (Johnson) · · · · · · 145
  : 코넬 대학교 – 존슨 경영대

- ◆ Dartmouth College (Tuck) · · · · · · 154
  : 다트머스 칼리지 – 터크 경영대

- ◆ Duke University (Fuqua) · · · · · · · 160
  : 듀크 대학교 – 푸쿠아 경영대

- ◆ Emory University (Goizueta) · · · · · · 168
  : 에모리 대학교 – 고이스웨타 경영대

- ◆ Georgetown University (McDonough) · · · · · · 174
  : 조지타운 대학교 – 맥도너 경영대

- ◆ George Washington University · · · · · · 184
  : 조지 워싱턴 대학교

- ◆ Georgia Tech (Scheller) · · · · · · · 190
  : 조지아 공과대학교 – 쉘러 경영대

- ◆ Harvard University · · · · · · · · 198
  : 하버드 대학교

◆ **Indiana University (Kelley)** · · · · · · · · 206
　: 인디애나 대학교 - 켈리 경영대

◆ **Michigan State University (Broad)** · · · · · · · 210
　: 미시건 주립 대학교 - 브로드 경영대

◆ **MIT (Sloan)** · · · · · · · · · · · · · 216
　: 메사추세스 공과대학교 - 슬로안 경영대

◆ **Northwestern (Kellogg)** · · · · · · · · · 224
　: 노스웨스턴 대학교 - 켈로그 경영대

◆ **New York University (Stern)** · · · · · · · 232
　: 뉴욕 대학교 - 스턴 경영대

◆ **Ohio State (Fisher)** · · · · · · · · · · 238
　: 오하이오 주립 대학교 - 피셔 경영대

◆ **Penn State University (Smeal)** · · · · · · 244
　: 펜실베니아 주립대 - 스밀 경영대

◆ **Purdue University (Krannert)** · · · · · · · 248
　: 퍼듀 대학교 - 크래너트 경영대

◆ **Rice University (Jones)** · · · · · · · · · 254
　: 라이스 대학교 - 존슨 경영대

◆ **Rutgers** · · · · · · · · · · · · · · · 260
　: 럿거츠

◆ **Stanford University** · · · · · · · · · · 264
　: 스탠포드 대학교

◆ **Texas A&M (Mays)** · · · · · · · · · · 272
　: 텍사스 A&M 대학교 - 메이스 경영대

- **UC Berkeley (Haas)** · · · · · · · · · · · · 278
  : UC 버클리 - 하스 경영대

- **UCLA (Anderson)** · · · · · · · · · · · · · 284
  : UCLA - 앤더슨 경영대

- **University of Chicago (Booth)** · · · · · · · 290
  : 시카고 대학교 - 부스 경영대

- **University of Florida (Hough Graduate School of Business)** 298
  : 플로리다 대학교 - 허프 경영대학원

- **University of Georgia (Terry)** · · · · · · · 304
  : 조지아 대학교 - 테리 경영대

- **University of Maryland (Smith)** · · · · · · 308
  : 메릴랜드 대학교 - 스미스 경영대

- **University of Miami (Herbert)** · · · · · · · 314
  : 마이애미 대학교 - 허버트 경영대

- **University of Michigan (Ross)** · · · · · · · 318
  : 미시건 대학교 - 로스 경영대

- **University of Minnesota (Carlson)** · · · · · 324
  : 미네소타 대학교 - 칼슨 경영대

- **University of North Carolina (Kenan-Flagler)** · · · 330
  : 노스캐롤라이나 대학교 - 케넌플래글러 경영대

- **University of Notre Dame (Mendoza)** · · · · · 336
  : 노터데임 대학교 - 멘도자 경영대

- **University of Pittsburgh (Katz)** · · · · · · 344
  : 피츠버그 대학교 - 카츠 경영대학원

- **University of Rochester (Simon)** · · · · · · · · · 350
  : 로체스터 대학교 – 사이먼 경영대

- **University of Texas at Austin (McCombs)** · · · · · 356
  : 텍사스 대학교, 오스틴 – 맥콤 경영대

- **University of Texas at Dallas** · · · · · · · · · · 362
  : 텍사스 대학교, 댈러스

- **University of Virginia (Darden)** · · · · · · · · · 366
  : 버지니아 대학교 – 다든 경영대

- **University of Washington (Foster)** · · · · · · · · 372
  : 워싱턴 대학교, 시애틀 – 포스터 경영대

- **University of Wisconsin, Madison** · · · · · · · · 378
  : 위스콘신 대학교, 매디슨

- **UPenn (Wharton)** · · · · · · · · · · · · · · · · 386
  : 유펜 – 와튼스쿨

- **USC (Marshall)** · · · · · · · · · · · · · · · · · 394
  : 서던 캘리포니아 대학교 – 마샬 경영대

- **Vanderbilt University (Owen)** · · · · · · · · · · 400
  : 밴더빌트 대학교 – 오웬 경영대

- **Washington University in St. Louis (Olin)** · · · · 406
  : 워싱턴 대학교, 세인트루이스 – 올린 경영대

- **Yale University** · · · · · · · · · · · · · · · · 412
  : 예일 대학교

Addendum 1 (부록1)

MBA 지원 에세이 샘플들

- ◆ Sample Essay 1. Career Vision and Goals · · · · · · 422
- ◆ Sample Essay 2. Accomplishments · · · · · · · 426
- ◆ Sample Essay 3. Leadership or Failure Experience · 431
- ◆ Sample Essay 4. Ethical Dilemma · · · · · · · · 435

Addendum 2 (부록2)

유럽 MBA 추천 학교들

- ◆ 유럽 경영대들과 MBA 프로그램들에 대해 알아보기에 앞서... · · · · · · · · · · · · · · · · · · · 442
- ◆ University of Oxford (Saïd) · · · · · · · · · 447
  : 옥스퍼드 – 사이드 경영대
- ◆ University of Cambridge (Judge) · · · · · · · 449
  : 케임브리지 – 저지 경영대

◆ London Business School · · · · · · · · · · · · · · · 451
  : 런던 경영대학원

◆ Imperial College Business School · · · · · · · 453
  : 임피리얼 칼리지 경영대

◆ INSEAD (Fontainebleau) · · · · · · · · · · · · 455
  : 인시아드 경영대학원 (유럽 경영대학원)

◆ HEC Paris · 457
  : 파리 경영대학원

◆ IESE Business School · · · · · · · · · · · · · · · 459
  : 나바라 대학교 경영대

◆ IE Business School · · · · · · · · · · · · · · · · · 461
  : IE 경영대

◆ ESADE Business School · · · · · · · · · · · · · 463
  : ESADE 경영대학원

◆ SDA Bocconi · 464
  : 보꼬니 대학교 경영대학원

Addendum 3 (부록3)

미국 MBA 지원 Question & Answers · · · 468

Finnguil Williams

Part 1

미국 MBA 준비와 합격전략

Chapter 1.
최고의 미국 MBA 합격을 위한 첫 번째 준비들

▶ **MBA는 왜 필요할까?**

MBA에 대한 수요는 언제 시작되었을까?

: 1990년대까지만 해도 한국을 대표하는 기업의 경영자들 중에는 MBA 학위를 가지고 있지 않은 이들이 많았다. 지금으로부터 20년 정도 전만해도 한국기업들은 MBA가 왜 필요한지에 대해 크게 공감하지 않았다는 뜻이다. 각 그룹의 최상층 경영자 중에 미국 MBA를 획득한 CEO급의 경영자들이 있기는 했지만, MBA의 학위 취득의 필요성에 대한 공감대는 크게 형성되어 있지 않았다. 하지만 2000년대 이후 글로벌 경제권이 형성되면서 한국기업 내에서도 경영 구조의 변화 혹은 경영 정책의 혁신 등에 대한 담론이 나타나기 시작했다. 이는 90년대 말부터 시작된 IMF 위기가 촉발한 합병과 구조혁신에서 비롯된 현상으로, 한국에 외국자본과 외국경영권이 밀려들어오면서 이른바 전문경영인의 필요성에 대한 수요가 생겨나기 시작했기 때문이다.

이와 같은 전문경영인에 대한 수요는 2008년 리만 브라더스 Lehman Brothers 발 세계금융위기를 거치면서 크게 증가하게 되었다. 여기에는 몇 가지 구체적인 이유들이 있다. 우선 글로벌 금융위기를 계기로 전문경영인의 영향력에 대한 인식이 제고되었다. 아무리 거대한 회사라도 국제적 감각을 갖춘 전문경영인이 부족하다면 시시각각 급박하게 변하는 글로벌 경제에 대응하기 어렵다는 생각이 생긴 것이다. 또 한 가지는 한국을 포함한 선진국 내에 상위 직위가 포화되면서 직장 내 경쟁이 치열하게 되었다는 점이다. 고용유동성이 커지면서 '평생직장'에 대한 인식까지 낮아지게 되며, 이른바 두 번째 고용기회를 MBA를 통해 모색하려는 직장인들이 늘어나게 된 것이다. 다니던 회사에서는 승진이 쉽지 않고, 또 한 직장에 평생 있을 것이 아니라면 커리어에 쉼표를 부여하며 MBA를 통해 새로운 기회를 탐색하자는 것이다. 이렇듯 기업 내부의 수요구조 변화와 피고용인들의 개인적인 환경변화가 맞물려 MBA에 대한 필요성이 꾸준히 증가하게 되었던 것이다.

우수한 사원과 우수한 경영자는 다르다.

: 위에 언급한 것처럼 평사원이 특별한 준비과정을 거치지 않고 경영자까지 꾸준히 승진할 수 있는 기회는 점차 줄어들고 있다. 경영자가 되기 위해서는 MBA와 같은 학위과정을 필요로 하는 환경이 점차 확산되고 있는 것이다. 이와 같은 환경의 변화에는 전문경영인을 바라보는 기업들의 시각변화가 자리하고 있다. 즉, 우수한 사원과 우수한 경영자는 다르다는 전제가 깔려있는 것이다. 물론 우수하지 못한 사원이 훌륭한 경영자가 될 가능성은 그렇게 높지 않다. 하지만 우수한 사원이 우수한 경영자가 되기 위해서는 플러스알파가 필요하다는 것 역시 점차 사실로 받아들여지고 있다.

경영자는 사원과는 달리 조직을 새롭게 구성하는 방법에 대해 고민해야 하며, 서로 다른 개별 부처의 효율성을 키우는 것을 넘어 다양한 부처 간의 이해관계와 협업에 대한 문제도 신경을 써야 한다. 동시에 변화하는 기업환경에 맞추어 사원들을 재교육하거나, 새로운 시장에 대한 스스로의 이해를 넓히는 것은 물론, 이를 개척할 수 있는 또 다른 전문가를 데려올 수 있는 능력 역시 가지고 있어야 한다. 동시에 회사의 자본과 자금의 흐름을 이해하고 리스크를 관리할 수 있는 능력에 더불어, 재정적인 문제가 발생했을 경우 이를 빠르게 해결할 수 있는 네트워크를 보유하고 있어야 한다.

물론 이런 복잡한 능력을 한 명의 개인이 모두 보여준다는 것은 현실적으로 어려운 문제이다. 그래서 우수한 경영인은 이런 문제를 직접 해결할 수 있는 인물보다는 이 문제를 해결할 수 있는 인물을 적재적소에 배치할 수 있는 인사능력을 보여줄 수 있는 인물이어야 한다. 하지만 그러기 위해서는 위에 언급된 분야들에 대한 기본적인 능력과 사적공적 네트워크를 보유하고 있어야 할 것이다. 바로 그런 것들에 대한 교육이 이루어지는 곳이 MBA 프로그램이다. 따라서 나날이 복잡해지는 경영환경에 대처해야 하는 오늘날의 기업들은 전문경영인과 그를 보조할 수 있는 중간책임자에 대한 수요를 드러내고 있는 것이고, MBA는 이런 기업들의 수요에 부합하기 위한 프로그램을 제공하기 위해 노력하고 있다.

▶ 왜 미국 MBA인가?

글로벌 정보와 인적 네트워크의 필요성

: 한국경제에 대한 해외경제의 영향력이 증대됨에 따라 국내 기업의 경영에 있어 미국이나 유럽 등의 경제상황과 트렌드에 대한 전문적인 분석은 필수불가결한 요소가 되어가고 있다. 물론 경제·경영에 대한 이론적 지식이 기본이 되어야 하겠지만, 글로벌 경제에 가장 큰 영향을 주는 미국에 대한 실제 경험의 가치 역시 그 어떤 때보다 중요성을 띠게 된 것이 사실이다. 실제 미국 MBA 학위과정을 밟은 이들 사이에는 "수업 반 네트워킹 반"이라는 우스갯소리가 전해져온다. 수업도 수업이지만, 정작 중요했던 경험은 현지 기업환경을 직간접적으로 느껴볼 수 있는 기회였다는 이야기이다. 그만큼 MBA는 친분을 쌓는 과정socializing이 중요하다. 2년이라는 길지 않은 시간동안 미국기업 경제의 흐름을 다 경험하고 돌아온다는 것은 실상 불가능한 이야기임으로, 이미 미국 기업에서 다년간 근무한 경험이 있는 미국인 동료들을 통해 간접 경험치를 늘려가는 것이 굉장히 중요하다는 뜻이다. 또한 수업을 이끄는 교수들 역시 현지기업과 밀접한 관계를 맺고 있는 내부자insider들이 많기 때문에 그들로부터 전수받는 간접경험 역시 돈으로 환산하기 어려운 귀한 정보들이다.

이러한 이유 때문에 MBA는 다른 어떤 학위과정보다도 유학 지역에 대한 고려가 절대적으로 중요하다. 예를 들어 금융관련이라면 뉴욕이 다른 어떤 곳보다 기회의 땅이 될 것이다. IT관련 직종 종사자라면 말할 것도 없이 실리콘밸리와 머지않은 곳이 유리할 것이다. 물론 가고 싶은 학교라고 해서 무조건 갈 수도 없고, 지역만 보고 가고 싶지 않은 학교를 무조건 가야 한다는 뜻은 아니다. 또 뉴욕이나 실리콘밸리와 같은 세계적인 회사들이 밀집한 곳에 있는 학교가 아니라고 해서 해당 MBA의 수준이 떨어지거나 이점이 없다는 것은 더더욱 아니다. 다만 미국인이 아닌 이상 학교를 다닌 곳의 환경이 미국에서의 경험에 절대적인 영향을 주는 경향이 있기 때문에 이런 요소들은 잘 고려한다면 더 좋은 유학경험을 쌓을 수 있다는 이야기이다.

미국 학위의 절대적 가치

: 최근 글로벌 경제가 침체되면서 MBA의 가치가 예전같이 않다는 이야기도 들리고 있다. 즉, 비싼 돈을 주고 학위를 취득했는데 그만한 가치가 있느냐는 의구심인 것이다. 미국 MBA의 프로그램 같은 경우 2년 학비가 1억이 훌쩍 넘는 만큼 이런 의문이 생기는 것은 이상한 일이 아니다. 비용문제로 미국이 아닌 다른 나라의 MBA 프로그램을 택하거나 한국내의 MBA 프로그램을 선택하는 경우에도 미국에 비해서는 비용이 저렴하지만, 이 역시 결코 가벼운 금액이라 할 수 없다. 따라서 MBA 프로그램은 확실한 목표의식과 필요성이 제기된 경우가 아니면 권하기 어려운 선택이라 할 수 있다.

하지만 만약 꼭 가야겠다는 결심이 들었다면, 그리고 어떻게든 금전적인 부분을 해결할 수 있는 방법이 있다면, 미국 MBA를 택하라고 말하고 싶다. 여기에는 몇 가지 이유가 있다. 우선 한국경제의 미국 의존도를 들 수 있다. 한국의 기업 환경이 미국경제의 영향을 워낙 강하게 받고 있기 때문에 결국 기업들에 필요한 것은 미국 기업과 시장에 대한 정보이다. 쉽게 말해 이런 정보를 체계적으로 습득한 미국 유학파가 절대적으로 유리하는 말이다. 물론 영국이나 유럽 MBA도 나쁘지 않은 선택이 될 수는 있지만, 이왕 많은 돈을 내고 교육을 받는 것이라면, 미국으로 유학을 가는 것이 최선의 선택이라고 말해주고 싶다. 게다가 미국 유학은 가고 싶다고 언제든지 갈 수 있는 것이 아니기 때문에 기회가 왔을 때, 또 개인적인 결심이 확고할 때 무조건 가는 것을 추천한다.

▶ 미국 MBA 준비, 언제 준비를 시작해야 할까?

학부를 졸업한 직후는 어렵다.

: 성질 급한 한국 사람들은 '빨리빨리'를 외치며, MBA를 일반 석사와 비슷하게 학부졸업 후에 바로 가야한다고 생각하는 경우가 있다. 물론 학사를 마치고 MBA까지 빨리 취득할 수 있다면 좋은 일이겠지만, 그러기에는 생각 이상으로 많은 장벽들이 존재한다. 우선 MBA는 직장경력이 있는 사람들을 대상으로 한 프로그램이다. 우수한 경영자 양성을 목적으로 하는 것이 MBA 프로그램인데, 직장경력이 없는 지원자를 선호할 리가 없다. 우선 이것이 가장 큰 장벽이다. 게다가 눈을 낮추어 학부를 끝낸 후 바로 다소 낮은 프로그램에 지원하는 경우에도 에세이나 인터뷰의 질문에 적절히 답을 할 수가 없다는 문제도 발생한다. MBA 입학 에세이나 인터뷰 질문들은 대부분 직장에서의 경험과 관련된 경우가 많기 때문이다.

또 한 가지 문제는 선수과목과 관련된 것이다. 많은 미국 MBA 프로그램들이 거시경제학, 미시경제학, 통계학, 수학, 미적분, 경영학 관련 수업들을 필수 혹은 추천과목으로 요구하고 있기 때문에 학부에서 경영학을 전공하지 않은 학생들의 경우에는 학부를 바로 마치고 지원하는데 문제가 생길 수밖에 없다. 따라서 학부를 바로 졸업하고 지원하는 것보다는 직장생활을 하면서, 이런 과목들을 온라인으로라도 수강한 후에 지원하는 것이 합리적인 선택이 될 것이다. 물론 가능하다면 복수전공이나 이중전공 등의 방법을 이용해서 학부를 졸업하기 전에 해당 선수과목들을 미리 들어놓는 것이 최선의 선택이기는 하다.

3~5년 정도의 회사생활이 필요하다.

: 3년은 최소한의 시간이다. 최소한의 시간이라는 뜻은 회사의 업무에 적응하고, 기업의 구조를 파악하고, 프로젝트 경력을 어느 정도 쌓을 수 있는 기간이라는 의미이다. 회사마다 구조가 다르겠지만, 평균적으로 그러하다. 반면 5년을 언급한 이유는 팀 프로젝트를 이끄는 경험을 쌓으려면 그 정도의 시간이 필요하기 때문이다. 다시 한 번 말하지만 MBA는 미래의 경영자를 키우는 교육과정이다. 팀리더의 역할을 해보지 않은 지원자를 뽑기에는 망설임이 따라올 수밖에 없다. 팀리더 경험이 있는 지원자가 유리하게 되는 것은 너무나 당연하다. 이런 이유로 가능하다면 4년 이상의 회사경험을 추천한다. 다만 6년이 넘어가면 나이가 많은 문제가 있어 합격에 불리해질 수 있음으로 적절한 기한은 5년 이하이다. 리더쉽 경험에 대한 에세이와 회사에서의 경험을 묻는 인터뷰 질문이 일반적으로 따라옴으로 이와 같은 기간적 고려는 매우 중요하다 할 수 있다.

GMAT이나 GRE 준비에 필요한 기간은 6개월~1년이다.

: 영어실력이 아주 뛰어나고 회사를 다니지 않고 준비하는 지원자라면 3개월도 충분할 수 있다. 하지만 95% 이상의 지원자는 이 경우에 해당되지 않음으로 최소한 6개월의 준비기간은 필수

적이다. MBA 지원자의 상당수는 회사를 그만둘 수 없는 개인적인 사정이 있다. 미래의 대한 불확실성, 본인과 가족의 생계문제, 회사의 지원을 받고 미국에 가야하는 재정적인 문제 등등 회사를 그만둘 수 없는 지원자라면 사실 6개월은 부족하다. 최소 1년을 준비할 것을 권한다. 다만 1년 이상 시간이 늘어지게 되면 정신적인 자세가 흐트러지거나 준비가 느슨하게 될 우려가 있기에 1년 이상은 권장하지 않는다. 어디까지나 평균적인 수치이기는 하지만 지원자의 상황에 따라 6개월에서 1년의 시간이라면 미국 MBA에 지원하기 위한 시험 준비 기간으로는 충분하지 않을까 한다.

미국 MBA 1라운드 지원은 9월에 시작된다.

: 미국 MBA 지원은 총 3라운드로 구성되어 있는 것이 일반적이다. 쉽게 말해 3차에 걸쳐 학생을 선발하는데, 하버드, 스탠포드, 와튼 등 최상위권 프로그램들은 대부분 1라운드를 9월에 마감한다. 따라서 위에 언급한 GMAT이나 GRE 등의 시험 준비는 6월정도 까지는 마무리하는 것이 이상적인 타임라인이다. 7월과 8월 두 달 정도는 에세이 준비를 해야 하기 때문이다. 추천서를 받기위해 움직여야 하는 시간까지 감안해야 하고, 원서를 작성하는 것도 생각보다 시간이 오래 걸리는 작업이기 때문에 두 달 정도의 준비기간은 필수라고 할 수 있다.

2라운드는 주로 1월에 몰려있다. 3라운드의 경우에는 3~4월에 있는 경우가 많기에 사실상 1라운드와는 달리 2·3라운드는 특별히 나뉘어져있는 개념이 아니다. 따라서 쭉 이어서 지원한다고 생각하는 것이 좋을 듯하다. 이렇듯 미국 MBA 지원은 지원준비 기간과 지원까지 1년에서 2년 정도까지 시간이 필요한 긴 여정이다. 한 번 시작하기도 어렵지만, 중간에 그만두면 다시 마음을 다잡고 일을 추진하기 어려운 것도 사실이다. 따라서 장기적인 관점에서 신중하게 결정을 내리고, 일단 결정을 내렸다면 조바심을 내지 말고 2년 정도의 시간을 꾸준히 투자하는 것이 필요하다.

▶ 미국 MBA 선발은 어떻게 이루어질까?
합격과 불합격의 신호들

MBA 선발을 하는 어드미션 커미티와 학생들을 가르치는 교수진은 동일하지 않은 경우가 많다.

: 일반적인 미국 대학원 선발과정과 다르게 MBA의 경우에는 특별히 구성된 어드미션 커미티가 선발하는 경우가 많다. 이 어드미션 커미티에는 MBA 학생들을 직접 가르치는 교수가 일부 소속되어 있는 경우도 있지만, 많은 경우 학생선발만을 전문적으로 하는 프로페셔널한 전문선발위원이 자리하고 있는 경우가 일반적이다. 따라서 교수들과 직접 연락을 해서 합격에 영향을 줄 수 있다는 생각은 하지 않는 게 좋다. 이분들은 애초에 학생 선발권한도 없고, 여기에 관심도 없는 경우가 대부분이기 때문이다.

또한 흥미로운 사실은 이들 선발위원들 중 상당수가 MBA 교육을 받지 않은 사람들이라는 점이다. 대신 이들은 실무경험을 오랫동안 쌓은 베테랑들이다. 분야를 가리지 않고 특정분야에서 회사생활을 상당히 오래하고 각 분야의 전문가라 불릴만한 실무진으로 구성되어 있다. 따라서 어드미션 커미티는 MBA 수업을 잘 따라갈 수 있는 지원자를 분별하기 보다는 제대로 된 실무 경험을 많이 쌓은 지원자를 골라내는데 더 특화된 집단이다. 게다가 기존 종사분야가 굉장히 다양하기에 여러 분야의 지원자들에 대해 in-depth한 평가를 내릴 수 있다는 장점이 있다. 이를 통해 MBA 합격에 실무경험이 굉장히 중요한 영향을 준다는 점을 유추할 수 있다.

우수한 MBA 지원자의 요건

: 모든 학교가 동일한 요건으로 학생을 선발하지는 않지만, 위에 언급한 MBA 어드미션 커미티의 구성 특성상 대체로 아래의 요건들을 갖춘 지원자를 합격시키는 경향이 있다.

1) 우수한 성적

높은 GMAT과 GRE 성적이 포함될 수 있을 것이다. 동시에 학부 GPA가 높은 것도 중요하다. GPA의 경우에는 단순히 높은 학점 자체에 초점을 맞추기 보다는 수강한 과목을 유심히 살피는 경향이 있다. 쉽게 점수를 받을 수 있는 문과교양 과목보다는 필수 경제학 수업이나 수학적 해결능력을 보여줄 수 있는 과목에서의 높은 성적을 더 선호한다.

2) 공학계열의 직군출신

최근 산업계의 트렌드를 고려했을 때, IT관련 분야의 지원자가 아무래도 좋은 평가를 받는 경우가 많다. 물론 특정분야의 지원자만 선발하는 것은 아님으로 더 많은 기회가 주어진다는 것이지, 공학계열 이외의 지원자에게 합격의 기회가 없다는 뜻은 아니다.

3) 성공적인 커리어를 뒷받침하는 기록들

수상경력이나 포트폴리오 등 다양한 자료들을 제시할 수 있다. 시험성적이나 GPA 이외에 이와 같은 커리어 award나 recognition을 제시할 경우에는 객관적인 문서가 뒷받침될 수 있어야 한다.

4) 리더쉽 경험

대학과 직장시절에 모두 리더쉽 경험이 있는 것이 좋다. 학생시절의 경험보다는 아무래도 직장에서의 리더쉽 경험이 더 큰 영향을 줄 것이다. 리더쉽 경험의 숫자도 중요하지만 이를 어필하는 방식 역시 고민해보아야 한다. 레주메에만 넣을 것인가. 아니면 에세이에 이를 적극적으로 활용할 것인가의 문제는 지원자의 전략에 달려있다.

5) 팀워크 경험

리더쉽 경험만큼 중요한 것이 팀워크 경험이다. 리더로서 팀을 이끌지 않았다고 하더라도 팀원으로서 중요한 역할을 수행했다면 이 역시 합격을 위한 중요한 자산이 될 수 있다.

6) 다양성에 대한 경험

다양한 문화에 대한 개방적인 태도를 말한다. 해외에서 오래 일한 경험에서부터 일반적이지 않은 이력까지 다른 지원자들이 가지지 못한 부분을 잘 어필할 수 있다면 이 역시 합격에 분명한 도움이 된다. 자신이 전형적인 지원자가 아니라고 한다면 이것 역시 다양성의 한 요소가 될 수 있다. 자신의 언어적 배경, 성별, 출신 등등 다양한 요소들이 있으니 내가 다른 지원자와 다른 독특한 무엇이 있는지 한 번 살펴보면 좋을 것이다.

불합격을 부르는 요소들

1) 기업에서 일한 경험이 없는 경우

: 큰 회사에서 일한 경험이 없거나 소규모의 자기사업 경험만이 있는 경우에는 합격에 불리하게 작용한다. 아무래도 큰 조직에서 어느 정도 충분한 경력을 쌓은 지원자를 선호할 수밖에 없을 것이다.

2) 최근 몇 년간 직장생활을 하지 않은 경우

: 좀 더 정확하게 말해서 특별한 이유 없이 무직으로 2~3년 이상 커리어에 공백 기간을 둔 케이스라고 할 수 있다. 이렇게 커리어가 끊기게 되면 해당 분야에 대한 감각이 현저히 떨어진다고 판단할 수 있는 여지가 있어, 어드미션 커미티가 좋아하지 않는다.

3) 자원봉사 경력 등이 없는 경우

: 사실 MBA에 자원봉사 경력이 무슨 상관이 있느냐는 질문이 있을 수 있다. 하지만 미국문화에서는 자원봉사 경력이 없는 지원자를 꺼려한다. 쉽게 말해 이기적인 성품을 지녔다고 판단되는 지원자라면 개인적인 성공은 이루어낼 수 있을 지언즉, 사회에 독이 되는 행동도 서슴지 않을 것이라고 생각하는 것이다.

4) 나이가 너무 적거나 너무 많은 경우

: 일반적인 MBA 프로그램의 경우 만24세 정도가 되지 않았거나 만32세가 넘은 경우에는 합격확률이 떨어지게 된다. 너무 어린 경우는 말할 필요도 없이 커리어가 부실할 것이고, 나이가 너무 많은 지원자의 경우에는 일반 MBA 보다는 경영자를 위한 MBA 과정 등 다른 프로그램이 더 적합하다고 여겨지기 때문이다.

5) 지나친 이직경력

: 몇 개월마다 혹은 매년 직장을 옮겨 다니는 철새 직장경력은 분명한 독이다. 한 직장에서 충분한 경험을 쌓지 못했다는 점에 더해 끈기가 부족하다는 인상까지 줄 수 있기 때문이다.

6) 지나치게 평범한 경력

: 은행이나 금융직종에서의 지나치게 평탄하고 개성 없는 경력은 그 자체로 마이너스 요인은 아니지만, 다른 지원자들과 비교했을 때 주목을 끌기 어렵다는 점에서 불리함이 있다.

7) 지나치게 많은 지원자가 몰리는 나라 출신

: 중국이나 인도가 대표적이겠지만, 한국 역시 예외는 아니다. 게다가 중국 지원자들과의 경쟁까지 고려해야 하기 때문에 한국인 지원자라는 것 자체가 일정부분 불리한 점이 있다.

8) 낮은 학부 GPA와 개성 없는 이력

: 낮은 학부 GPA는 졸업한 후 이제 와서는 어쩔 수 없는 약점이다. 학부 때 특별한 이력을 쌓지 못했다면 이 역시 약점으로 작용한다.

9) 현재 다니는 회사에서 직급이 낮은 경우

: 예를 들어 5년씩 일했는데, 리더쉽 경험을 쌓을 수 있는 직급까지 오르지 못했다면 이것은 불리하게 작용한다. 평균적으로 미국에서는 같은 기간이면 기본적인 리더쉽 경험을 하게 되기 때문이다.

10) 나쁜 추천서

: 특히 직속상사가 나쁜 추천서를 써준다면 치명적일 수 있다.

11) 연봉이 지나치게 낮은 경우

: 이 경우 두 가지 측면에서 불리하다. 낮은 연봉의 지원자는 학비를 잘 낼 것이라고 기대하기 어렵고, 또 현재의 직장에서 좋은 대접을 받고 있지 못하다는 인상을 줄 수 있기 때문이다.

12) 분명하지 못한 커리어 목표

: 에세이와 인터뷰에서 구체적인 커리어 목표를 제시할 필요가 있다. 이를 제대로 제시하지 못한다면 아무래도 감점요인이 된다.

13) 낮은 GMAT 점수

: 최상위 탑10 프로그램의 경우에는 700이하는 합격이 어렵다.

14) 인문계 출신 지원자

: 공학이나 경영학, 경제학 등은 그래도 괜찮지만 순수 인문학 전공자는 아무래도 불리하다.

15) 다른 분야에서 석사나 박사학위가 있는 경우

: 이 경우는 일반 MBA가 아니라 경영자 MBA 과정으로 보아야 한다.

16) 재지원을 하는 경우

: 작년에 지원했던 학교에 다시 지원하는 것이라면 불리하다. 굳이 지난해에 비슷한 성적의 지원자를 떨어뜨린 바 있는데 올 해에는 붙여주어야 할 특별한 이유가 있을까?

17) 수학이나 통계 수업을 듣지 않은 경우

: 앞서 말했듯이 MBA는 경영학 과정이기 때문에 수학과 통계학적 능력을 무시할 수 없다.

18) 해외경험이나 다양한 산업분야에 대한 경험이 너무 부족한 경

우
: 글로벌화 되는 경영환경에 적응하기 어려운 지원자로 분류되어 감점 요인이 된다.

Chapter 2.
최적의 지원을 위한 요건들

▶ GMAT과 GRE 준비는 어떻게 해야 할까?

영어 시험 성적은 유의미한 변화를 가져올 수 있다.

: GMAT과 GRE 등 영어시험의 중요성은 말할 필요도 없다. 특히 한국인과 같은 외국인 지원자의 경우에는 영어점수가 기준 미달이면 합격이 거의 불가능하다고 생각해도 좋다. 그만큼 중요하기 때문에 매 10점마다 합격에 미치는 영향력이 달라진다고 할 수 있다. 물론 알아두어야 할 것은 시험성적만으로 지원자를 뽑는 것이 아니기 때문에 일정 기준을 넘어간 이후부터는 시험점수보다는 다른 요소들의 영향력이 더 크게 작용할 수 있다는 것이다. 따라서 필요한 점수를 확보한 다음에는 시험은 과감하게 내려놓고 에세이와 인터뷰 등 다른 지원요소에 집중할 필요가 있다.

TOEFL의 경우도 마찬가지이다. 최상위권 MBA의 경우에는 노골적으로 109점 이상 등등의 가이드라인을 제시하고 있는 경우가 있다. 물론 이 점수가 되지 않는다고 해서 무조건 불합격이라는 단서조항을 달지는 않았지만, 가이드라인을 제시한 이상 이 점수에 미달된다면 합격이 대단히 힘들어지게 된다. 또 알아두어야 할 점은 점차 TOEFL 점수를 요구하지 않는 프로그램들이 늘어나고 있다는 점이다. 이 학교들의 경우에는 TOEFL을 심층 인터뷰로 대체하는데, 이 경우에는 사실 한국인 지원자들에게 더 불리할 수도 있다. 영어를 편하게 잘 구사하는 지원자들에 비해, 자연스럽게 구사하지 못하는 지원자들은 상대적으로 합격이 더 어렵게 되는 것이다.

최상위 프로그램에 합격하고 싶다면 GMAT 700 이상을 목표로 해라.

: 탑20정도를 노리고 있다면 680점 정도 이상의 점수가 필요하다. 물론 이 점수는 최소점수라고 보아야하고, 비교적 안정적인 지원이 가능하기 위해서는 700점 이상의 점수를 가상의 미니멈으로 하는 것이 좋을 것이다. 탑10 프로그램에 지원하고 싶다면 가능하다면 730점 이상을 받으라고 권하고 싶다. 700점이 되지 않는다면 아마도 합격하기 어려울 것이다. 이러한 가이드라인이 모든 지원자에게 일괄적으로 적용되지는 않는다. 지원자의 커리어와 학부 GPA 등등의 여타요소에 의해 유동적으로 적용되는 것이라고 보는 것이 옳다. 하지만 평균적인 가이드라인으로서는 충분히 참고할 것이다.

GMAT과 GRE 중 어느 쪽이라도 큰 상관은 없다.

: 많은 지원자들이 어떤 시험을 택하는 것이 유리한지 질문을 하곤 한다. 어느 쪽이라도 상관없다. 중요한 것은 높은 점수를 받

는 것, 즉 나에게 유리한 시험을 택하는 것이다. 독해에 자신이 있는 지원자라면 GMAT이 좀 더 유리할 가능성이 높다. GMAT은 개별 어휘능력을 그렇게 중요하게 생각하지 않기 때문이다. 반면, 어휘가 뛰어나고 독해 속도가 조금 느리지만 정독이 가능하다고 생각하는 지원자는 GRE를 택하는 것이 유리할 수 있다. 문제는 본인이 생각하기에 "나는 이 시험이 맞아"라고 느끼는 것과 실제 시험결과는 다르게 나타날 수 있기 때문에 모의고사를 구해서 전체적으로 다 풀어보고 판단하는 것이 좋다. 일단 학원을 다니고 몇 개월 이상 시간을 허비한 다음에 시험 종류를 변경하는 것은 대단히 어렵기 때문이다.

▶ 자신의 커리어 빌드업 과정은 어떻게 드러내야 할까?

전체적인 방향성은 레주메를 풍부하게 함으로써 가능하다. (레주메 작성 주의사항)

1) 커리어 과정에서의 성과를 분명하게 강조한다.
   단순한 표현보다는 숫자나 통계의 뒷받침이 있으면 좋다.

2) 문법에 어긋나지 않는 정확한 영어를 구사한다.
   이 점은 외국인이기 때문에 더 중요할 수 있다.

3) 나이, 성별, 인종 등등에 대한 정보는 쓰지 않는다.

미국은 인종 및 성차별을 방지하기 위해 위와 같은 정보를 명시적으로 드러내는 것을 권장하지 않는다.

4) 지나치게 빽빽하게 작성하지 않는다.

　특히 한국인 지원자가 쉽게 저지를 수 있는 실수인데, 읽기 어렵게 만들면 손해 보는 것은 지원자 본인이다.

5) 리더쉽 경험, 중간관리자로서의 경영자적 경험, 팀워크 등을 강조한다.

　MBA 프로그램의 본질이 무엇인지를 염두에 두고 레주메를 작성한다.

좋은 추천서는 좋은 커리어의 상징이다. (좋은 추천서를 위한 조언)

1) 회사 내에서의 커리어를 증명해 줄 수 있는 자료는 사실상 추천서가 유일하다.

   그만큼 영향력을 무시할 수 없다는 것이다.

2) 가장 이상적인 추천인은 과거 직장상사 등과 같이 본인의 회사 내 성과를 증명해 줄 수 있는 인물이다.

3) 직상상사에 추천서를 받기 곤란한 상황이라면 다른 인물도 가능하다.

   다만 오랫동안 비즈니스 관계를 이어온 거래처 담당자 등 본인과 분명한 연관이 있어야 한다.

4) 추천서가 지원자 본인이 직접 작성한 레주메와 다른 사항을 드러내서는 곤란하다.

   너무나 당연한 말이겠지만 진위성에 문제를 초래할 수 있다.

5) 지원자의 강점을 확실하게 증명해 줄 수 있는 자료를 언급해 줄 수 있는 추천서가 좋은 추천서이다.

6) 지원자를 최대한 긍정적으로 묘사해주고, 지원자의 성공 가능성에 대해 낙관적으로 접근해 주어야 한다.

7) 확실한 일화를 제시해 주는 것이 좋다.

무조건 "훌륭하다"라고 말해주는 것보다는 왜 훌륭한 지원자인지 구체적인 예로 보여줄 필요가 있다.

8) 지원자의 단점을 한 가지 정도는 제시해 주는 것이 좋다.
그리고 그 단점이 MBA 과정을 통해 보완될 것이라는 가능성도 제시하는 것이 좋다.

▶ 스스로를 최고의 지원자로 포장하는 방법은?

내 커리어가 형성되어 온 과정을 정리해본다.

: 다소 추상적인 이야기가 될 수 있지만, 시간을 가지고 어린 시절부터 현재에 이르기까지 자신의 커리어가 어떻게 형성되어 왔는지 정리하는 시간을 가져볼 필요가 있다. 예를 들어, 어린 시절의 관심 → 청소년기에 그 관심이 어떻게 대학 전공을 택하는 과정과 연결되었는지 → 대학에서의 커리어 형성과정 → 직장생활에서의 어려움과 성공 스토리 등으로 자신의 커리어가 충분한 '인과관계' 속에서 형성되었음을 보여줄 수 있는 일화가 있는지 브레인스토밍을 해볼 필요가 있다. 이런 브레인스토밍 과정은 지원에세이와 인터뷰 준비의 기초가 되는 작업으로 굉장히 중요하다. 어드미션 커미티는 흥미로운 이야기를 가지고 있는 지원자를 기억한다는 것을 잊지 말아야 할 것이다.

개인적personal인 영역과 커리어professional 영역으로 나누어 정리한다.

: 이렇게 정리하는 이유는 자신의 강점과 약점이 어디에 있는지 분리해서 살펴보려는 데에 있다. 개인적인 영역, 예를 들어 언어적 환경, 다문화적 경험 환경, 가족적 특이사항 등이 발달한 지원자들의 경우에는 이를 커리어 영역의 스토리와 함께 제시하여 에세이를 준비해야 한다. 반면 개인적인 특이사항이 없는 지원자들의 경우에는 커리어에 집중하여 스토리를 만들어가야 한다. 이때 유의할 것은 커리어와 관계된 이야기라고 해서 인간적인 면이 제외된 것이 아니라는 점이다. 커리어에 집중하더라도 다른 이들과의 교류interaction가 충분히 드러나고 그 과정에서 인간적인 모습을 충분히 보여주어야 어드미션 커미티에게 좋은 점수를 받을 수 있다. 즉, 냉철하고 프로페셔널한 모습을 보여주면서도 인간미가 넘치는 에세이와 프로파일을 보여주어야 더 좋은 점수를 받을 수 있다는 뜻이다. 이 경우 어린 시절의 이야기, 대학시절의 이야기, 평소의 인간관계, 가족 간의 이야기 등등은 자신의 강점이 아님으로 굳이 언급하려고 애를 쓰지 않아도 된다.

일화anecdote를 찾아낸다.

: 일화는 스토리를 읽는 어드미션 커미티의 관심을 잡아둘 수 있는 가장 중요한 포인트이다. 천 개 이상의 서류를 훑어 내려가야 하는 어드미션 오피서의 입장에서 재미없는 자료를 읽는 것만큼 고된 일은 없다. 또한 기억에 남을 만한 일화가 에세이에 제시

되지 않는다면, 그 서류를 기억하여 두 번 세 번 점검하고 합격을 줄 만한 변곡점도 존재하지 않게 된다. 따라서 강력한 인상을 줄 수 있는 일화를 발굴해 내는 것은 중요한 작업이라고 할 수 있다.

물론 이 과정이 쉽지만은 않다. 지원자들과의 대화를 2~3 차례 이상 오래 진행해야 간신히 소재를 찾을 수 있을 만큼 전문가 입장에서도 브레인스토밍 과정은 상당히 까다롭다. 혼자 서류를 준비하는 지원자들 같은 경우에는 이미 미국 MBA에 합격한 선배들에게 일화를 제시하고 그 효과를 검증받는 등 다른 사람의 시선을 이용해 그 효과를 알아보는 작업이 꼭 필요할 것이다.

그 다음에 신경 써야 할 부분은 선택된 일화가 내 커리어에 핵심적으로 중요한지의 문제를 살펴보는 것이다. 아무리 흥미로운 일화라고 하더라도, 내 커리어 형성과 별 관계가 없는 것이라면 아무런 소용이 없다. 합격에 도움이 되기는커녕 마이너스 요소로 작용하게 될 수도 있다. 따라서 재미있는 스토리로 자신의 프로파일을 꾸미려는 노력과 함께 논리성도 함께 고민해야 결과적으로 좋은 효과를 이끌어 낼 수 있다.

마지막으로 중요한 것은 우수한 영어 글쓰기이다. 문법에 맞는 영어를 구사하는 것은 당연하고, 영어 자체의 표현 능력 역시 매우 중요하다. 좋은 표현과 간결한 문장으로 전달하는 것이 불가능하다면, 아무리 좋은 일화, 즉 소재가 있더라도 합격에 도움을 주기 어렵다. 따라서 훌륭한 표현은 반드시 갖추어야 할 필수적인 요건이라 볼 수 있겠다.

▶ 개인적인 영역에서 고려해야할 사항들은?

내 자신의 인간적인 장점들

: 여기에는 여러가지 덕목들이 있을 수 있다. '끈기,' '침착,' '배려,' '성장' 등등 생각해 볼 수 있는 단어들을 나열해보자. 이런 단어들은 에세이나 인터뷰 준비과정에서 지속적으로 어필해야 하는 키워드들이 되기 때문에 명확하게 확인하고 출발할 필요가 있다. 경우에 따라서는 두 가지 키워드가 중첩적으로 반영될 수도 있다. 이 경우 이 둘을 어떻게 조화시킬 것인가의 문제도 고민해야 할 것이다.

개인사

: 어떠한 배경에서 성장했는가. 또 이런 배경을 잘 드러내 줄 수 있는 활동들은 어떤 것들이 있었는가. 위에 언급한 내 자신의 덕목들이 발현되는데 내 개인사는 또 내가 한 활동들은 어떠한 영향을 주었는가. 모든 스토리 형성은 상호연관성 속에서 이루어진다는 사실을 잊지 말자.

개인적인 성과들

: MBA 프로그램과 직접적인 연관은 없지만 내 개인의 성향을

드러낼 수 있는 성과들이 있다. 예를 들어 "봉사활동을 통해 지역사회를 변화시켰다" 혹은 "학생시절에 경진대회 등에 나가 상을 받았다" 등이 이에 해당된다. 비즈니스와는 직접적으로 연관되어 있지는 않지만, 내 인간적인 성향을 보여주는 성과들은 모두 포함될 수 있다. 이런 성과들과 위에 언급된 항목들이 어떻게 연결될 수 있는지 고민해보는 것이다.

보여줄 수 있는 능력들

: 내가 어떤 성과를 이루어내었다면, 이런 성과를 가능하게 했던 특별한 능력이 있을 것이다. 컴퓨터 소프트웨어를 만들 수 있는 능력이 뛰어나다든가, 외국어 능력이 뛰어나다든가, 혹은 남을 가르칠 수 있는 능력이 뛰어나다든가 등등의 예가 여기에 해당된다. 이런 능력들은 레주메에 언급할 수 있는 것들이지만, 에세이나 인터뷰에서도 효과적으로 어필할 수 있는 요소들이다.

리더로서의 자질

: 직장에서의 리더쉽을 제외하고, 어떤 분야에서든 리더쉽이 있는지 확인해본다. 이 영역이 특별히 강하다면 에세이에 반영하는 것을 고려하고, 그렇지 않다면 레주메와 인터뷰에 이와 관련된 준비를 하면 된다. MBA는 경영리더를 키우는 과정임으로 리더쉽은 상당히 중요한 항목이다.

개인적인 목표

: MBA를 통해 나는 내 인생의 무엇을 바꾸려고 하는가. MBA는 내 인생에 있어서 어떠한 전환점이 될 것인가. 이런 질문들에 대한 해답이 제시되어야 한다. 이는 당연히 에세이와 인터뷰에서 필수적인 요소들도 다루어질 것이다. 에세이 말미에 이와 관련된 내용을 담아야 하고, 인터뷰 과정에서도 거의 100% 관련 질문이 나올 가능성이 높다. 따라서 더 핵심적인 내용은 에세이에 담고, 보다 자세하게 인터뷰에 이에 답하면 될 것이다.

사회와 커뮤니티에 대한 비전

: MBA 과정을 통해 나는 사회에 어떠한 기여를 할 수 있을 것인가. 다양한 공익비전에 대해 언급할 수 있겠지만, 주의해야 할 점은 내 personal background와의 연관성을 고려해야 한다는 것이다. 아무리 훌륭하고 좋은 비전도 과거의 인생행로와 잘 맞지 않는다면, 진실성이 담보되기 어렵다. 다소 소박한 것이라도 진실성을 보여줄 수 있는 내용을 적을 것을 추천한다.

개인적인 문제점과 다소간의 약점들

: 자신의 약점과 문제점에 대해서도 솔직할 필요가 있다. 완벽한 인간은 없다. 가장 우수한 지원자라도 몇몇 약점은 보유하고 있기 마련이다. 게다가 성공가도를 달린 지원자일수록 자신의 주

위를 잘 돌아보지 못하는 문제가 있을 수 있기 때문에 개인의 성공과 완벽한 인간상과는 언제나 일치하는 것이 아니다. 이런 나를 둘러싼 문제점들에 대해 솔직하게 고백하고 어떻게 이를 해결해 나갔는지를 보여주는 것이 필요하다. 에세이와 인터뷰 모두에서 다루면 좋을 내용이다.

▶ 커리어 영역에서 고려해야할 사항들은?

프로페셔널로서의 면모는 어떤 것들이 있는가.

: 여러가지 키워드들이 떠오를 것이다. '결단력', '신속성', '창의력', '커뮤니케이션' 등등 훌륭한 커리어 빌드업을 한 이들이라면 이러한 특성들 중 하나 이상을 보유하고 있을 것이다. 이 중에서 자신을 특징지을 수 있는 도드라진 특성을 찾아 정의하고 이를 중심으로 커리어를 소개하는 방법을 취해보면 좋을 것이다. 개인적인 영역을 다룰 때와 마찬가지로 하나의 키워드만 어필할 수 있는 것은 아니다. 동시에 두 가지 서로 다른 영역을 장점으로 보여줄 수 있다. 다만 둘 사이에 어느 정도 상관관계가 형성되어야 한다는 점, 다시 말해 서로 긴밀하게 연결되어 있어야 한다는 점에는 항상 신경을 써야 할 것이다.

구체적인 커리어 활동들과 성과

: 말 그대로 구체적인 활동이 명시되어야 한다. 레주메는 말할 것도 없고, 특히 인터뷰 과정에서 구체적으로 자신의 성과를 이야기해주어야 한다. 언제, 누구와, 구체적으로 어떤 규모의 어떤 일을, 어떻게 성공적으로 수행했으며, 그 증거가 무엇인지 제시할 수 있어야 한다. 구체성이 떨어지는 예를 제시하면 당연히 기억에 남기 어렵다. "큰 계약에 성공했다"라는 말과, "x라는 상품을 2019년에 미국에 있는 y라는 기업에 100만 달러에 판매하는 계약에 성공했다"라는 말 사이에는 상상을 초월하는 차이가 있다. 구체성은 언제나 중요하다.

자신의 강점과 구체적인 능력들

: 다양한 언어구사능력, 회의 주재능력, 소프트웨어 사용능력, 특정분야 사업에 전문화된 능력 등등 분명 다른 지원자와 차별화할 수 있는, 혹은 비슷한 능력이라면 보다 뛰어나게 보이도록 포장할 수 있는 본인만의 커리어 장점이 있을 것이다.

리더쉽 경력

: 좋은 MBA 프로그램에 합류하기 위해서는 가능하다면 꼭 어필해야 하는 부분이다. 레주메에 따로 섹션을 만들어 이를 보여주는 것은 물론, 에세이와 인터뷰에서도 놓치지 말고 어필할 수

있다면 어필하는 것이 좋다. MBA는 경영리더를 키워내기 위한 프로그램임을 잊지 말자. 따라서 기본적인 리더쉽 포지션도 경험하지 못한 지원자를 받고 싶어 하는 프로그램은 사실상 없다. 어떤 형태로든 리더쉽 경험을 했음을 보여주어야 한다.

실수들과 경험부족

: 완벽한 지원자임을 지나치게 강조해서는 곤란하다. 본인이 커리어 형성 과정에서 저지른 실수를 자연스럽게 드러내는 것은 결코 마이너스 요인이 아니다. 중요한 것은 이런 실수와 경험부족에서 나온 문제점들을 어떻게 '극복'했는가 이다. 따라서 필요에 따라 과거의 실패담을 이야기할 일이 있다면, 절제된 선에서 이런 실패를 통해 어떻게 성장했는가를 어필하는 이른바 '성장스토리'적인 접근법을 취하는 것이 좋은 전략이 될 수 있다.

근무한 회사의 성장

: 본인의 성과만을 언급하기 보다는 자신이 일한 기업이 어떻게 자신과 함께 성장해 나갔는가에 대한 이야기를 전달하는 것이 좋다. 따라서 레주메, 에세이, 인터뷰 과정에서 자신이 근무했던 회사의 과거 상황과 성장, 그리고 그 과정에서 본인이 기여한 바를 적절히 섞어서 어필할 수 있다면 분명 결과를 얻을 수 있을 것이다.

궁극적인 커리어 목표

 : "나는 어떤 경영인이 되고자 한다"라는 분명한 목표의식이 보여야 한다. 어떤 분야에서 어떤 리더쉽으로 어떤 목표를 달성하고자 한다는 것을 어드미션 커미티에게 전달할 수 있어야 합격에 한 걸음 더 다가갈 수 있다. 이 과정에서 잊지 말아야 할 것은 단순히 회사를 성장시키고 큰 부가가치를 창출하는 것이 목표가 아니라, 좀 더 많은 사람들에게 이익을 가져다주고 공동체의 번영을 이루어 줄 수 있는 비전이 있는 지원자라는 것을 어필할 필요가 있다는 것이다. MBA 어드미션 컨미티는 이기적인 경영천재를 찾으려는 것이 아니라 보다 원대한 목표의식을 가지고 사회를 성장시킬 수 있는 큰 리더를 키우려한다는 점을 기억하자.

Chapter 3.
지원 에세이

▶ 지원 에세이, 합격에 어떻게 중요한 역할을 할까?

지원 에세이는 지원자를 대변한다.

: 지원 에세이가 중요한 이유는 여러 가지가 있겠지만, 무엇보다 지원 에세이가 지원자의 원서를 포괄하는 의미를 지닌다는 점에서 매우 중요하다 할 수 있다. 어드미션 커미티가 지원자가 제출한 성적표와 레주메 등의 자료를 어떤 관점에서 보아야 하는지에 대한 가이드라인을 제시하는 것이 바로 지원 에세이다. 이 에세이가 지원자의 목소리를 대변하기 때문에 어드미션 커미티는 지원 에세이를 기준으로 다른 서류를 평가하고 점수를 매긴다. 아무리 성적이 뛰어나고 커리어가 우수한 지원자라고 하더라도, 수준이 낮은 에세이를 제출하게 되면 지원자의 비전과 사고를 전혀 읽어낼 수가 없거나 저평가하게 되기 때문에 지원 에세이는 다른 모든 서류의 가치를 지켜주는 보호망과 같은 역할을 수행하게 된다. 지원 에세이가 없다면 다른 서류는 두서없는 정보덩어리에 불과하다. 오직 지원 에세이의 가치관과 해석을 통해 다른 서류들이 의미를 가지게 되는 것이다.

지원 에세이는 지원자를 거르는 가장 중요한 과정이다.

: 미국 MBA 프로그램, 그 중에서도 가장 우수하다고 여겨지는 20여개의 프로그램에는 전 세계에서 지원자들이 원서를 보낸다. 적게는 수 십대 일에서 많게는 백대 일 이상의 경쟁을 이겨내야 합격할 수 있는 프로그램들이다. 너무나 많은 원서들이 오기 때문에 이 원서들을 하나하나 다 살펴보게 되면 1년 내내 원서만 검토해야 할 정도로 비효율적이다. 따라서 MBA 어드미션 프로세스는 1단계에서 지원자의 GPA, GMAT 성적 등 수치로 환산할 수 있는 요소들을 이용해 일종의 필터링을 하게 된다.

정확하게 어느 정도 수준의 지원자가 이 1단계를 통과할 수 있는가는 단순화하기 어렵다. 일단 학교마다 수준이 다르고, 어드미션 커미티가 매년 내부에서 당락을 결정하는 기준이 조금씩 변하기 때문이다. 다만 확실한 것은 미니멈 기준을 넘은 지원자들의 원서는 2단계에서 어드미션 커미티의 손을 통해 다시 평가받을 수 있는 기회가 주어진다는 점이다. 바로 이때 합격의 기준으로 다시 사용되는 것이 바로 에세이다. 물론 에세이가 좋다고 해서 무조건 합격은 아니지만, 비슷한 스텟을 보이는 지원자들 사이에서 더 이상 단순한 숫자 즉, 학교성적이나 시험성적은 큰 의미가 없다. 따라서 지원자의 에세이가 확실한 합격 이유를 제시하지 못한다면 그 지원자는 떨어질 것이고, 반대로 에세이가 확실한 무언가를 보여준다면 다른 지원자를 제치고 해당 지원자는 인터뷰 과정으로 넘어가게 될 것이다.

▶ 지원 에세이 Type 1 - 나의 약점과 실패의 경험은 무엇인가?

대표적인 질문 예시

1) Describe a time when you wish you could have retracted something you said or did. When did you realize your mistake and how did you handle the situation?

2) Describe a situation taken from school, business, civil or military life where you did not meet your personal objectives, and discuss briefly the effect.

3) Describe a setback or failure that you have experienced What role did you play, and what did you learn about yourself?

무엇을 보여주길 요구하는가?

: 자신의 과거 약점과 실패에 대한 질문에 답한다는 것은 사실 겁이 나는 일이다. 합격을 위해 도전하는 과정에서 자신의 약점이나 실패에 대한 일화를 풀어놓으라는 것은 일견 자기 파괴적인 self-destructive 행위로 여겨질 수 있기 때문이다. 하지만 곰곰이 생각해보면 실패가 없는 사람은 없다. 아무리 성공적인 경영자라고 해도 몇 번의 실수와 패배는 경험하게 마련이다. 중요한 것은 "이러한

실수와 패배에서 무엇을 배웠는가"이다. 따라서 이 에세이 주제에 접근함에 있어 중요한 점은 '실패' 그 자체가 아니라 거기에서 얻어진 '교훈' 혹은 그러한 실패를 극복하는 '과정'에 있다. 또한 실패나 오류를 대하는 지원자의 '자세'에도 초점을 맞추어야 한다는 것을 기억하자.

따라서 이 주제에 접근하는 에세이의 톤은 침착하고 솔직한, 그리고 담담한 어조를 취하는 것이 좋다. 쓸데없는 유머나, 자극적인 과장은 좋지 않다. 또한 실패를 극복하는 과정에서도 그 결과를 지나치게 자랑하거나 너무 낙관적으로 접근하는 것은 좋지 않다. 반대로 지나치게 자기 비하를 하거나 비관적인 시각을 드러내는 것도 피하는 것이 좋다. 중요한 점은 이러한 실패나 어려움은 미래에도 또 다가온다는 것이며, 어드미션 커미티는 지원자가 이를 극복할 잠재력이 있는지 보고 싶은 것이다.

구체적으로 무엇을 써야 하는가?

1) 실패에서 많은 것을 배운 '똑똑한 지원자'라는 것을 보여주어야 한다.

2) 실패의 과정에서 배운 경험이 MBA 프로그램에서 성공적으로 작용할 것임을 보여주어야 한다.

3) 교훈을 얻을 수 있었던 실수여야 한다. 불가항력의 상황은 사고이지 실패가 아니다.

4) 어린 시절의 실패가 아니라 성인으로서의 경험을 보여주는 것이 좋다.

5) 실제 있었던 경험을 적어야 한다. 적절한 각색은 괜찮지만, 거짓을 말해서는 곤란하다.

6) 정신질환이나 범죄행위와 같은 극단적인 내용은 피하는 것이 좋다.

▶ 지원 에세이 Type 2 – 나의 강점과 성공의 경험은 무엇인가?

대표적인 질문 예시

1) Describe the achievement of which you are most proud and explain why. How did these experiences impact your relationships with others?

2) Describe a personal achievement that has a significant impact on your life.

3) What are you most proud of outside of your professional life? How does it shape who you are today?

무엇을 보여주길 요구하는가?

: 질문이 커리어 과정에서의 성공과 성취를 보여주기를 원하는 것이라면, 구체적인 성공사례를 제시하면 된다. 성공의 무게가 크면 클수록 좋다. 지나친 겸양은 필요하지 않다. 미국인 지원자들의 경우에는 너무 직설적이어서 문제가 발생하지만, 한국인 지원자들은 너무 돌려 말하려다가 좋은 에세이를 쓰지 못하는 경우가 많다. 즉, '돈' 이야기를 하는 것이나 '자기자랑'을 하는데 주저하는 문화가 있어, 에세이에도 이것이 반영될 수 있다는 것이다. 국가에서 주는 큰 상을 받은 것이나 세계적으로 유명한 프로젝트에 참여한 것 등은 분명 합격하는데 큰 도움을 줄 수 있는 성과들이다. 레주메에 짧게 언급하는 것을 넘어 에세이에 이를 자세하게 다룰 수 있다면 좋은 예들인데, 이를 숨기거나 분명하게 언급하지 않는다면 스스로 유리한 패를 하나 버리게 되는 것이다. 어드미션 커미티는 수없이 많은 원서를 읽어야 하기 때문에 분명하게 성과를 제시해주고 설명해주지 않는다면, 어드미션 커미티가 자신을 주목할 수 있는 기회를 놓치게 되는 것이다. 어드미션 커미티는 명쾌한 내용을 좋아하기 때문에 자랑스럽게 소개할 내용이 있다면 이 기회에 과감하게 사용하는 것이 좋다.

구체적으로 무엇을 써야 하는가?

1) 성공 스토리뿐만이 아니라 성공이 자신의 커리어와 인생에 미친 영향도 함께 서술해야 한다.

2) 성공 스토리 그 자체에 대한 설명은 50~60%선에서 마무리하고, 이를 통해 얻을 수 있었던 교훈과 영향을 분석하는 것이 좋다.

3) 아무리 성공적인 경험이라도 분석할 거리가 없으면 에세이 소재로 삼기 어렵다.

4) 자신의 성공을 가능하게 한 자신의 강점들에 대해 언급하자. 이것들은 MBA 과정에서도 활용될 것임도 같이 제시하면 좋다.

5) 자신의 강점들이 무엇인지 분명하게 드러날 수 있도록 제시해야 한다. 한 마디로 이 지원자의 강점이 무엇인가를 읽는 사람이 바로 알아차릴 수 있게 써야 한다.

6) 균형 잡힌 자신감이 필요하다. 자만과 지나친 겸양 사이의 이상적인 밸런스가 필요하다.

▶ 지원 에세이 Type 3 – 창의력과 혁신을 제시할 수 있는가?

대표적인 질문 예시

1) The mission of the MIT Sloan School of Management is to develop principled, innovative leaders who improve the world and to generate ideas that advance management practice. Please share with us something about your past that aligns with this mission.

2) At Haas, we value innovation and creativity. Describe a time when you created positive change in a group or an organization.

무엇을 보여주길 요구하는가?

: 창의력과 혁신은 현대경영의 심장이다. 21세기 들어 세계시장의 상황은 매 년 빠른 속도로 변하고 있다. 과거를 답습하는 경영방식은 더 이상 설 자리가 없는 것이다. 이런 상황에서 시장의 변화를 따라가고, 더 나아가 시장을 선도할 수 있는 경영자의 가장 큰 자질이 바로 창의력과 혁신이라 할 수 있다. 많은 MBA 프로그램들도 이런 시장의 변화에 발맞추어 점차 이와 관련된 에세이 주제를 늘려가는 추세이다.

지원자 개인의 커리어라는 관점에서 보아도 창의력과 혁신은 매

지원 에세이 **61**

우 중요하다. 그것은 더 이상 한 분야에서 평생을 헌신하는 시대가 저물고 있기 때문에 더더욱 그러하다. 분야의 경계를 넘어 한 비즈니스에서 다른 비즈니스로 자유롭게 이동할 수 있는 경영인을 생산해 내는 것이 좋은 MBA 프로그램의 목표가 되어가고 있기 때문에 개인의 커리어 형성과정에서 창의력과 혁신을 보여준 지원자들을 찾는 것은 너무나 당연한 현상이라 할 수 있을 것이다.

구체적으로 무엇을 써야 하는가?

1) 새로운 기회를 모색하는 지원자로 자신을 포장하라. 과거의 커리어를 그대로 이어나가는 것이 아니라 어떤 식으로든 변화를 주기 위해 MBA를 선택했다는 것을 어필하라.

2) 신기술에 대한 전문성을 강조하라. 본인이 전문성을 지닌 분야의 혁신기술에 대해 설명함으로써 자신의 전문성과 혁신성을 어필할 수 있다. 단, 너무 복잡한 설명은 위험하다.

3) 리더쉽에 대한 이야기와 함께 풀어나가는 것이 좋다. 리더쉽에 대한 이야기는 어떤 주제와도 혼용될 수 있는 특성이 있는데 이를 여기에 이용하면 자칫 지루해 질 수 있는 문제점을 보완할 수 있다.

4) 혹시 자유주제에 대한 기회가 주어질 경우, 이 에세이를 활용하면 좋다.

5) 본인의 사고방식 자체가 혁신적이라는 인상을 주는 것이 좋다.

6) 가능하면 자신이 속한 회사와 자신의 인생 모두에 혁신성을 부여하고 싶다는 인상을 줄 수 있도록 노력하라.

7) 어떤 형태의 창의성과 혁신에 대해 이야기해도 좋지만, 그것들은 지원자 본인의 삶에 연결고리를 형성하고 있는 것들이어야 한다.

▶ 지원 에세이 Type 4 – 왜 당신의 인생에 MBA가 필요한가?

대표적인 질문 예시

1) Describe your specific career aspirations and you reason for pursuing an MBA.

2) What are your short- and long-term goals? Why do you need an MBA to achieve those goals? Why are you interested in our program specifically?

3) Considering your post-MBA and long term professional goals. Why are yoou pursuing an MBA at this point in your career? Additionally, why is Columbia Business School a good fit for you?

무엇을 보여주길 요구하는가?

: 이 질문은 에세이 질문 중에서 가장 포괄적인 것이다. 그 이유는 다음과 같다. 이 질문은 우선 지원자의 과거, 현재, 미래와 관련된 모든 내용을 포괄하고 있다. 과거에 어떤 커리어를 형성했기에 MBA를 결심하게 되었나? 현재에는 어떤 준비상황을 밟고 있는가? 또 미래에 MBA를 통해 얻어가려고 하는 것이 무엇인가? 무엇보다 중요한 숨어있는 질문은 "MBA를 꼭 해야 할 필요가 있

는가"일 것이다. 지원자가 정말로 MBA를 간절히 원하고 할 필요가 있는지 밝히라는 질문인 것이다.

대부분의 지원자에게 있어 현재 커리어는 본인의 희망보다는 현실적인 이유로 시작된 경우가 많다. 따라서 과거와 현재 사이에 확연한 논리적 연관고리가 형성되어 있지 않는 경우가 많다. 쉽게 말해, 돈 벌려고 일을 하는 것이지, 스스로의 인생목표에 부합하기 때문에 현재의 직업을 선택한 사람은 그렇게 많지 않다는 뜻이다. 어드미션 커미티도 이 점을 너무나 잘 알고 있다. 그렇기에 아무 생각 없이 MBA 프로그램에 지원하는 지원자들을 이 질문을 통해 걸러내려 하는 것이다.

지원자의 미래도 마찬가지이다. 확실한 목표가 없는 지원자들은 "MBA를 하면서 미래의 목표를 세워보겠다"고 대답한다. 이것은 가장 피해야할 답변이다. 미래에 대해 나중에 생각해 보겠다는 것은 미래에 대한 플랜이나 계획이 없다는 것이다. 정석적인 답변의 예는 다음과 같다. "대학 때의 컴퓨터 프로그래밍 전공과 현재의 의료기 개발 분야의 경력을 최대한 활용하여, 미래에는 진단기술을 혁신적으로 개선시킬 수 있는 AI 의료기의 개발을 주도하고 싶다."

구체적으로 무엇을 써야 하는가?

1) 어떤 커리어를 쌓았는지 보다는 왜 그 커리어를 쌓았는지를 생각하며 글을 써라.

☞ 단순히 자신의 커리어를 나열하는 것은 레주메의 반복에 지나지 않는다. 에세이는 '왜?'라는 질문에 답하는 공간이라는

것을 기억하자.

2) 눈으로 본 것이 아니라 마음으로 느낀 내용들을 적어라.
☞ 이렇게 하면, 보다 분석적이고 차별화된 에세이를 쓸 수 있다. 대부분의 지원자들은 자신이 느낀 것보다는 눈으로 본 것들을 나열하는 경향이 있다.

3) 미래 플랜에 대해 말하는 것을 주저하지 마라.
☞ 흥미롭고 건설적인 미래 플랜을 가지고 있는 지원자는 분명 그렇지 않는 지원자보다 합격확률을 끌어올릴 수 있다.

4) 원대한 비전을 제시하라.
☞ 단기간이 아닌 지원자 자신의 커리어를 바쳐 이루고 싶은 비전에 대해 이야기하라. 다만, 단순한 부풀리기가 아닌 현실성이 있는 것이어야 한다.

5) 비즈니스 모델을 거스르면 안 된다.
☞ 아무리 좋은 생각, 예를 들어 빈민구제나 아동학대 같은 문제를 해결하는 것은 분명 훌륭한 일이지만, 이것은 MBA의 목표가 아니다. 좋은 목표를 추구하되 어디까지나 비즈니스의 틀 안에서 해야 한다.

6) 왜 지금이 내 인생에서 MBA를 해야 하는 시점인지 명확하게 설명하라.

7) 내 미래의 비전을 위한 첫 번째 과정은 MBA 지원과 상관없이

이미 시작되었음을 보여주어야 한다.

☞ MBA에 가지 못하면 미래 비전이 이루어질 수 없다는 식의 접근법은 의지박약으로 보일 수 있다. MBA와 관계없이 이미 자신만의 프로젝트가 시작되었음을 보여주어라.

8) 자신의 커리어와 해당 MBA 프로그램과의 고리를 찾아내고, 왜 그 학교에게 가야하는지에 대한 설명을 찾아내라.

▶ 지원 에세이 Type 5 - 당신은 준비된 리더인가?

대표적인 질문 예시

1) Give us an example of a situation in which you displayed leadership.

2) Please describe your experience of working in and leading teams, either in your professional or personal life. Include any specific challenges you have faced. Given this experience, what role do you think you will play in your first year study group?

3) Leadership and teamwork are integral parts of the Kellogg experience. Describe a recent and meaningful time you were a leader. What challenges did you face, and what did you learn?

무엇을 보여주길 요구하는가?

: 리더쉽 경험에 대한 질문은 리더쉽 포지션에 대한 질문이 아니다. 단순히 지원자가 어떤 직책을 경험했는지를 보고 싶다면, 이 역시 레주메만 가볍게 훑어보아도 알 수 있는 일이기 때문이다. 어드미션 커미티가 알고 싶은 것은 지원자의 리더로서의 '스타일'이다. 어떤 리더쉽 스타일을 보유하고 있는가? 이를 단어로 표현해본다면 '엄격함,' '자비로움,' '소통적임,' '믿음의 리더쉽' 등등이 가능할 것이다. 이것이 리더쉽 스타일이고 에세이 전체에 걸쳐 이 리더쉽 스타일에 대한 설명을 해주어야 한다는 것이다.

리더쉽은 집단 경험을 통해서만 드러나게 된다. 따라서 팀 프로젝트에 대한 부분이 강조되어야 할 것이다. 자신이 리더로서 어떻게 팀을 이끌었는가. 어떤 어려움이 생겼는가. 어떻게 팀원들 사이의 의견이 갈라졌는가. 자신의 의견에 반대하는 팀원을 어떤 방식으로 설득했는가. 팀원들의 사기를 올리기 위해 어떤 방법을 사용했는가. 이런 질문들에 대한 대답을 기대하고 있다고 생각하면 된다. 따라서 이것은 리더쉽을 발휘하기 어려웠던 상황을 '극복'한 경험에 대한 에세이라고 생각하면 된다. 만약 본인이 이런 어려움을 느낀 적이 없다고 한다면 어드미션 커미티는 그 지원자를 좋은 지원자라고 생각하지 않을 것이다. 어려움을 느끼지 않은 리더는 리더로서의 역할에 대한 고민이 부족한 사람이라고 생각하기 때문이다.

구체적으로 무엇을 써야 하는가?

1) 팀원들의 다양한 견해와 이 사이의 갈등을 효과적으로 해결하는 중재자의 모습을 보여주어라.

2) 본인이 전문가가 아닌 영역에는 남의 힘을 빌리고 본인은 후원하는 이성적인 모습을 보이는 것도 좋다.

3) 팀원들의 심리적인 사기를 올릴 수 있는 능력은 좋은 리더의 조건 중 하나이다.

4) 팀이 나아가야할 비전을 제시하는 것 역시 리더의 조건 중 하나이다.

5) 자신의 부족이나 잘못을 인정하는 모습도 좋은 리더쉽의 예이다.

▶ 지원 에세이 Type 6 – 당신의 도덕적 관점은 무엇인가?

대표적인 질문 예시

1) When have your values, ethics or morals were challenged? How has this shaped who you are today?

2) Describe an ethical dilemma that you faced and how it was resolved.

3) Describe a situation in which your ability to perform

ethically was challenged. What was the issue, how did you handle it, and what did you learn from it?

4) Describe the situation with the greatest ethical complexity that you have faced in your professional or academic life, and how your input helped revolve it.

무엇을 보여주길 요구하는가?

: 생존을 위한 극한의 경영환경은 언제나 기업이익과 기업의 도덕적 의무 사이의 선택을 강요한다. 둘 다 충족시킬 수 없는 상황이 되었을 때, 경영자는 과연 어떠한 판단을 내려야하는가? 이익만을 추구하는 경영자는 투자자들에게는 좋은 사람일 수는 있겠지만, 사회전체의 관점에서는 재앙을 불러일으킬 수 있는 악당이 될 수 있다. 미국의 경영대는 그래서 도덕적 의무감과 경영이익의 추구 사이에 절묘한 균형을 찾을 수 있는 현명한 관점을 지닌 경영자를 키워내고자 한다. 아무리 뛰어난 경영인이라고 하더라도, 사회를 파괴하는 악이 된다면, 그것을 장기적으로 시장 전체를 무너뜨리는 결과를 초래할 것이기 때문에, 지원자가 균형잡힌 도덕적 판단과 관점을 사람이라는 것은 언제나 중요한 합격의 판단 기준이다.

구체적으로 무엇을 써야 하는가?

아래의 사항들을 생각해 볼 수 있다.

1) 자신의 도덕적 감수성을 강조한다. 다시 말해 다른 이들이 도덕적으로 무감각한 부분들을 지적하고 고칠 수 있는 능력이 있는지를 보여주는 것이다. 직장에서 일반적으로 사람들이 잘 인식하지 못했던 무감각한 차별 등을 느낀 점 등이 이에 해당할 것이다.

2) 자신의 도덕적 신념을 강조한다. 즉, 자신이 생각하는 도덕적인 비즈니스 모델을 얼마나 확고하게 밀어붙일 의지가 있었는지를 보여주는 것이다. 예를 들어 경제적인 마이너스를 감수하고 소비자들에게 상품에 대한 세세한 정보를 상품포장에 세세하게 표시하는 것 등이 그것이다.

3) 다른 이들을 직접적으로 돕기 위해 적극적인 활동을 했다는 점을 강조한다. 예를 들어 회사에서 진행하는 공익 프로젝트에 자발적으로 참여해서 일을 한 것이 이에 해당할 수 있겠다. 그런 활동이 비록 승진에 도움이 되지 않는다고 해도 말이다.

4) 마지막으로 자신의 도덕적 신념에 대해 자세하게 서술하는 것이다. 이는 다소 어려울 수 있는데, 자신의 개인적인 경험을 통해 왜 그런 신념을 가지게 되었는지 상세하게 보여주는 방식이다. 이 경우 스토리텔링 능력이 상당히 중요하다.

어떤 이야기라도 상관은 없으나 몇 가지 주의할 사항은 있다. 우선 사회 전체에 관한 담론을 쓰는 것도 중요하지만, 가장 중요한 것은 여전히 지원자 자신의 이야기라는 것이다. 거대담론에 빠져 자신의 모습이 가려지는 실수를 해서는 안 된다. 스토리텔링의 중심에는 언제나 지원자 자신이 있어야 한다는 점을 기억하자. 또한 옳고 그름의 문제라는 식으로 지나치게 이분법적으로 접근하는 것은 피해야 한다는 점이다. 지나치게 관점이 좁은 사람으로 비춰질 수 있기 때문이다. 마지막으로 이것은 지원자 자신의 성장에 관한 이야기가 되어야 한다. 모든 에세이는 경험을 통해 무엇을 배웠는가를 보여주는 공간이 되어야 하기 때문이다.

▶ 지원 에세이 Type 7 – 당신이 보여줄 수 있는 다양성과 특수성은 무엇인가?

대표적인 질문 예시

1) Diversity stands with ethics, integrity, and academic excellence, as a cornerstone of university culture. The University promotes an inclusive and welcoming environment that embraces the full spectrum of human attributes, perspectives, and disciplines. When people of different backgrounds come together, they exchange ideas, question assumptions (including their own), and broaden the horizons for us all.

 The University of Virginia community rich in diversity affords every member equal respect and provides a forum for understanding our differences as well as our commonalities. Share a time in which you engaged with a perspective, identity, community, or experience that was different from your own and how it impacted your world view. (200 words)

2) How do you anticipate making your mark on the Stern community? Be specific about the roles you will take on and the impact you hope to achieve.

3) Assume you are evaluating your application from

the perspective of a student member of the Kellogg Admissions Committee. Why would your peers select you to become a member of the Kellogg community?

무엇을 보여주길 요구하는가?

: 미국사회에서 다양성은 사회를 유지하는 근간으로 여겨진다. 1960년대 인권운동 human rights movement 이후 미국은 적어도 표면적으로는 다양성을 사회전반의 시스템에 확고하게 자리하게 해야 한다는 일종의 강박관념마저 가진 사회가 되었다. 따라서 대학의 경우에도 학생을 받을 때에도 인종비율에 민감하게 신경을 쓰고 있고, 다양한 인종간의 마찰을 최대한 방지하려는 정책을 취하고 있다. 또한 성적 소수자, 경제적 소수자에 대한 배려까지 더한다면 미국 대학에서의 다양성은 학부와 대학원을 관통하는 중요한 도덕적 가치가 된다.

따라서 어드미션 커미티는 균형잡힌 학생 비율을 추구하게 된다. 지원자의 입장에서는 이런 어드미션 커미티의 입장을 잘 이해하고, 자신이 '다양성'의 카테고리 중 어느 곳에 속할 수 있는지 전략적인 포지셔닝을 해내는 것이 무척 중요하다. 아무리 우수한 지원자라고 하더라도 경쟁이 치열한 부분에 포지셔닝이 되게 되면 합격확률에서 손해를 볼 수밖에 없다. 반면 뽑아야 하는 포지셔닝인데 좋은 지원자가 상대적으로 적은 부분으로 스스로를 위치시키면, 어드미션 커미티는 그 지원자에게 눈길을 줄 수밖에 없는 상황이 된다. 이처럼 어드미션 커미티와 지원자간의 수 싸움이 이 주제를 다루는데 있어 핵심적인 요소라 할 수 있다.

구체적으로 무엇을 써야 하는가?

1) 자신만의 독특한 세계관이 있다면 이를 보여주는 것이 좋다.
☞ 인간관계를 바라보는 시각, 전통에 대한 견해, 기술과 인간의 공존에 대한 의견, 기업의 사회적 역할 등등이 여기에 해당될 것이다.

2) 해외의 다양한 문화를 경험한 사례가 있다면 이를 보여주는 것이 좋다.
☞ 어린 시절의 해외경험, 외국의 체류경험, 외국인들과의 긴밀한 접촉과 협력 등등이 여기에 해당될 것이다.

3) 자신의 소수자적 경험이 있다면 이를 보여주는 것도 좋다.
☞ 여성, 다문화 가정 출신, 경제적 약자 등이 한국에서 나올 수 있는 대표적인 예가 될 것이다.

4) 남들과는 다른 특별한 능력이 있다면 이를 제시하는 것도 좋다.
☞ 올림픽이나 다른 대회에서 활동한 경력, 특별한 기술을 활용해서 특허를 낸 능력, 음악적 재능, 다양한 언어를 구사할 수 있는 능력 등등이 여기에 해당될 것이다.

5) 그 외에 다른 지원자들이 하기 힘든 특별한 경험이 있다면 이것 역시 다양성이라는 측면에서 어필이 될 수 있다.

Chapter 4.

인터뷰 준비

▶ **지원 에세이의 일부로서의 인터뷰: 비디오 에세이란 무엇일까?**

비디오 에세이는 인터뷰로 가기 위한 첫 번째 관문이다.

: 최근 커뮤니케이션 테크놀로지의 발달과 더불어 해외에 있는 지원자의 언어구사력을 테스트할 수 있는 방법이 다양하게 개발되었다. 이에 MBA 프로그램들은 속속 비디오 에세이를 도입하고 있는 추세이다. 주요 프로그램들의 최소 50% 이상이 비디오 에세이를 제출하도록 하고 있다. 비디오 에세이가 아니라 '비디오 인터뷰'라는 이름으로 이를 진행하는 곳도 있으나 그 방식이나 내용은 크게 다르지 않다.

비디오 에세이는 한국인 지원자들에게 특히 더 중요하다. 그 이유는 바로 지원자의 영어 커뮤니케이션 능력을 비교적 정확하게 측정할 수 있는 기준이 되기 때문이다. 영어가 모국어인 미국인 지원자들의 경우에는 자신들이 대답할 답변의 컨텐츠에만 신경을 쓰면 되기 때문에 사실 비디오 에세이의 활용도는 상대적으로 제한적이다. 적게는 3개 많아야 5~6개 정도의 질문에 3~10분 정도의 답변 시간으로 심도있게 지원자를 걸러낼 수 있다고 생각할 수는 없을 것이다.

반면, 이것이 한국인과 같이 외국인 지원자를 테스트하는 툴로 사용된다면 이야기는 달라진다. 토플의 스피킹 섹션은 워밍업 수준이 되는, 그야말로 진짜 스피킹 시험이 펼쳐지는 것이다. 따라서 한국인 지원자가 비디오 에세이에서 실패하면 지원과정 전체가 틀어진다고 보아도 무리가 없다. 원서를 제출하고 1차 관문을 통과한 후에 진행되는 인터뷰의 경우에는 전반적으로 30분 이상 오랜 시간을 들여 대화를 하고, 주어지는 질문 역시 다양하기 때문에 실수를 만회할 수 있는 기회가 인터뷰 과정 중에 여러 번 주어진다. 하지만 비디오 에세이는 굉장히 짧은 시간에 자신의 답변을 '녹화'하는 것이기 때문에 한 문제를 망치면 만회할 기회가 없는 경우도 적지 않다.

녹화방식을 사용한다.

: 학교마다 양식은 다르지만 대체적인 방식은 원서를 제출하는 과정에 학교 측이 제공하는 비디오 에세이 녹화 프로그램에 접속하여 랜덤하게 주어지는 질문에 답하는 방식으로 이루어진다. 프로그램을 시작하기 전에 몇 번이고 연습할 수 있도록 테스트 모듈이 내장되어 있어 지원자들이 자신의 표정이나 태도 등을 점검할 수 있게 해준다. 연습이 충분히 되었다고 판단되면 실제 녹화단계로 들어가면 되는데, 이때는 시험에 가까운 방식으로 질문을 읽고, 몇 십 초간 생각을 정리한 후 1분 정도의 시간에 대답을 하게 된다. 웹캠이 질문에 답하는 지원자의 모습을 녹화해 프로그램에 전달하면 서버가 이를 자동으로 저장해 MBA 지원 원서의 일부로

활용되는 것이다. 다소 복잡하게 들릴 수 있으나 1~2개 학교 정도 지원해보면 충분히 익숙해지게 됨으로 너무 걱정할 필요는 없다.

▶ 비디오 에세이는 어떤 질문들로 구성되어 있을까?

질문은 글로 쓰는 에세이나 대면 인터뷰와 크게 다르지 않다.

: 비디오 에세이라고 하니 무언가 엄청난 것이라는 생각이 들 수 있겠지만, 기본적인 질문들은 정식 인터뷰와 크게 다르지 않다. 워낙 다양한 질문들이 등장하기는 하지만, 이들을 몇 개의 카테고리로 나누면 아래와 같다.

1) 커리어 선택에 관련된 질문

- 왜 대학에서 그 전공을 했는가?
- 현재 커리어를 택한 이유는 무엇인가?
- 자신의 커리어에서 해야 했던 가장 중요한 결정은 무엇인가?

2) 직장생활과 리더쉽

- 상사가 당신에게 강한 비판을 했을 때, 어떻게 반응했는가?
- 동료들을 대하는 당신의 철학은 무엇인가?

- 자신의 리더쉽 스타일을 어떻게 정의하는가?
- 인간관계에서 가장 중요하게 생각하는 가치는 무엇인가?
- 목표를 효과적으로 달성하도록 돕는 당신만의 비법은?
- 동료들은 당신을 어떤 사람이라고 규정하는가?
- 당신이 들었던 최고의 조언은?

3) 인생철학

- 삶의 궁극적인 목표는 무엇인가?
- 행복이나 성공이란 무엇을 의미하는가?
- 당신은 어떤 사람인가?

- 실패에 대응하는 당신의 방식은?
- 가장 기억에 남는 연설은?
- 가장 존경하는 사람은?

4) 일상의 방식

- 가장 좋아하는 책이나 음악은?
- 쉬는 날을 어떻게 보내는가?
- 어떤 음식을 좋아하고 그것을 왜 좋아하는가?

5) 비즈니스의 미래

- 미래를 바꿀 가장 중요한 기술은 무엇이고 왜 그렇게 생각하는가?
- 지난 30년간 가장 중요한 사건은 무엇이고 왜 그렇게 생각하는가?
- 미래의 비즈니스는 무엇을 준비해야 하는가?
- 당신이 세상을 바꿀 힘이 주어진다면 무엇을 하고 싶은가?

6) MBA를 위한 준비와 태도

- 미래의 MBA 학교 동료들에게 하고 싶은 말은?
- 왜 우리학교를 택했는가?
- 다른 학생들에게 본인이 기여할 수 있는 바는?
- 다른 학생들에게 무엇을 기대하는가?

▶ 유명한 과거 비디오 에세이 질문 100제
(모두 실제 기출 문제임)

Previous Video Essay Questions

- What does it mean for you to have a commitment to diversity? How have you demonstrated that commitment, and how would you see yourself demonstrating it here?

- What does *fill in the blank* mean to you? (diversity, success, failure, etc.)

- What possession or memento do you treasure most and why?

- Describe a academic or extra curricular activity that helped you shape your personality. What did you learn?

- What is your definition of diversity and how or why do you think diversity is important?

- Describe a time when you showed great resilience and tenacity and it paid off. What were the results?

- What superpower you'd want and why?

- Describe your biggest risk you took at work and what was its outcome?

- Tell us about a time you encountered an individual who was resistant to change, how did you deal with it and what was the outcome?

- Explain a situation when you had to change your communication style. What was the outcome and what did you learn?

- If you had an extra hour every day, what would you do with it?

- Give an example of a situation where you had to change your priorities due to an unexpected task and what was the outcome?

- How would your teammates describe you?

- How would you describe your current thinking about diversity, and how has your thinking changed over time?

- If you had unlimited time, to what would you devote it?

- What is your favorite song/artist/album?

- How would you describe your current thinking about diversity, and how has your thinking changed over time?

- Imagine you were transported to the year 1900. How would you explain a smartphone (or shared network drive such as google drive) to a person from that era?

- What piece of technology could you not live without and why?

- Talk about an activity or extra curricular experience and how it changed your perspective.

- Talk about the time when you made a wrong decision, what was the setback and how did you handle it?

- What are you most passionate about?

- Tell about a setback you experienced, how you dealt with it, and the results.

- Tell us about a time when you handled a task on which you had zero information. What were the steps you took to begin with, what were the strategies and what were the end results?

- Describe your biggest risk you took at work and what was its outcome?

- What word describes you best and why?

- What is your favorite book and why?

- What inspires you?

- Describe a academic or extra curricular activity that helped you shape your personality. What did you learn?

- Tell us about the first job you ever had?

- If you knew you could not fail, what would you do?

- What impact do you have on your co-workers?

- Describe a situation where you were a team member. How did you decide when to lead and when to follow, and how did the results impact you?

- What's the best book you have ever read and why?

- Describe a time when you showed great resilience and tenacity and it paid off. What were the results?

- What risk have you taken and what did you learn?

- Talk about the time when you made a wrong decision, what was the setback and how did you handle it?

- When you have a problem, whom do you approach for advice and why?

- Explain a situation when you had to change your communication style. What was the outcome and what did you learn?

- Describe a leadership style you admire?

- Give an example of a situation where you had to change your priorities due to an unexpected task and what was the outcome?

- What accomplishment are you really proud of?

- How would you describe your current thinking about diversity, and how has your thinking changed over time?

- What is your favorite motto or quote, and why?

- To what organization or cause have you dedicated significant time? Why was it meaningful?

- What's the best piece of advice you have ever received?

- Tell me about a time when you had to speak with someone that had an accent or couldn't speak the same language as you. How did you adapt?

- If you had unlimited time, to what would you devote it?

- Whom do you respect most, and why?

- Imagine you were transported to the year 1900. How would you explain a smartphone (or shared network drive such as google drive) to a person from that era?

- If you could witness any event..past present or future—what would it be?

- Describe a time when you got a negative feedback from a supervisor/professor. How did it make you feel?

- Who has had the greatest impact on you and why?

- How would you fight stereotypes in a work environment?

- How have you changed in the last 5 years?

- Talk about an activity or extra curricular experience and how it changed your perspective.

- You are starting a new project with team members coming from different cultures and educational background. How would you make them meet?

- What one interesting / fun fact would you want your future Kellogg classmates to know about you?

- What are 3 key successful factors to be an entrepreneur.

- How would you establish the foundations of your company?

- What will your classmates be surprised to learn about you?

- If you could live anywhere in the world, where would it be and why?

- How do you define success?

- How did you build your international experience?

- Talk about the time when you made a wrong decision, what was the setback and how did you handle it?

- If you could teach a class on any topic. What would it be and why?

- Tell about a setback you experienced, how you dealt with it, and the results.

- What food do you like? Will you be able to eat that food everyday?

- If you could change one thing about yourself, what would it be and why?

- If you were given a chance to meet anyone, current or historical, who would you meet and why?

- Talk about a team disagreement and how you handled it.

- Tell us about a time when you handled a task on which you had zero information.

- If you could live anywhere in the world, where would it be and why?

- What were the steps you took to begin with, what were the strategies and what were the end results?

- Tell us about a time you encountered an individual who was resistant to change, how did you deal with it and what was the outcome?

- What was the most interesting class you took at University?

- What accomplishment are your really proud of and why?

- What is the most meaningful thing anyone has done for you in your life?

- What accomplishment are your really proud of and why?

- What is the key ingredient for building and maintaining professional relationships? Provide examples.

- Tell us about an organization or activity in which you have dedicated significant time. Why was it meaningful to you?

- What does it mean for you to have a commitment to diversity? How have you demonstrated that commitment, and how would you see yourself demonstrating it here?

- Tell us about the most interesting place you've traveled to. What did you enjoy most about it.

- What is the most meaningful thing anyone has done for you?

- Why did you choose your college major?

- What is the key ingredient for building and maintaining professional relationships? Provide examples.

- What would you like to tell your future classmates?

- What's the best piece of constructive criticism you've received and how has it influenced your work?

- If you could travel across the United States in a car with anyone, whom would you choose to travel with and why?

- Tell us about something good someone else did for you and how you felt about it?

- What accomplishment are you most proud of?

- If money was not a concern, what would you do?

- What is your definition of diversity and how or why do you think diversity is important?

- What's the most interesting thing about you that we wouldn't learn from your resume alone?

- Tell me about a time when you received criticism on a piece of work you feel you have done very well. How did the criticism make you feel?

- What's the best piece of constructive criticism you've received and how has it influenced your work?

- Tell us about something good someone else did for you and how you felt about it?

- What's the most interesting thing about you that we wouldn't learn from your resume alone?

- Tell me about a time when you had to deliver bad news. What was your strategy?

- What invention during your lifetime has had the biggest impact on you and why?

▶ 비디오 에세이 준비를 위해 무엇을 해야 할까?

돌발적인 문제가 언제든지 나올 수 있다는 것을 인지해야 한다.

: 위에 소개한 실제 문제들만 확실하게 익혀도 대부분의 비디오 에세이 문제에는 대처할 수 있겠지만, 돌발적인 문제들이 예상치 못하게 나올 가능성은 언제나 존재한다. 문제는 이런 돌발문제들이 그야말로 '예외적인' 문제들이기 때문에 예측도 어렵고, 또 예측이 가능하다 해도 나올 가능성이 낮은 이런 문제들에 많은 시간을 들여 준비를 하는 것도 비효율적이라는 점이다. 따라서 이런 돌발적인 문제들은 다른 방식으로 접근해야 효과적인 답변을 기대할 수 있다. 즉, 예를 들어, "지금까지 들었던 가장 감명 깊었던 연설이 무엇이었는가"에 대한 답변에는 이에 대한 답을 따로 해야 한다고 생각하기 보다는 이미 알고 있는 지식을 활용하되 결론적으로 준비된 답변을 반복하도록 유도하는 방법을 사용하는 것이다. 아래처럼,

"JFK's inaugural speech was the most inspirational to me. He said, "ask not what your country can do for you - ask what you can do for your country." I believe a firm can apply this principle for the sake of itself and its employees as well. A strong nation has people who are dedicating themselves to it. A strong firm has employees with the same attitude. I believe a great manager, just like a great president, is obligated to generate such culture in which his employees can dedicate their loyalty to the firm. In this regard, JFK's speech has been my guiding principle in pursuing an MBA."

"존 F. 케네디의 취임연설이 가장 감명 깊었던 연설이었다. 케네디는 국민들이 국가에 무엇을 할 수 있는지 고민하라고 했는데, 이것은 국가뿐만이 아니라 회사에도 그대로 적용될 수 있는 말이라고 생각한다. 국민들이 헌신하는 국가가 강한 나라이듯이, 개별 직원들이 헌신하는 회사가 강한 회사라고 할 수 있을 것이다. 이를 위해서 대통령이 국민이 헌신할 수 있는 환경을 만들어주는 것이 그의 의무인 것처럼, 경영자는 직원들이 회사에 헌신할 수 있는 환경을 만들어 주어야 한다고 생각한다. 이런 맥락에서 이 연설은 MBA를 추구하는 내 지침이 되어왔다."

이 질문에 대한 답변을 일반적인 질문에 대한 답변에서 끌어와서 접목시켜 답하는 것이다. 다시말해, "좋은 리더란 무엇인가"라는 질문에 대한 답을 활용하여 돌발적인 질문에 즉흥적으로 답한 것이다. 물론 존 F. 케네디의 연설과 같이 기본적으로 누구나 알 수 있는 수준의 상식적인 지식은 있어야 할 테지만 말이다.

충분한 준비와 연습 기간을 가져야 한다.

: 우선 예상 문제에 대한 답변을 만들어야 할 것이다. 그리고 이를 반복해서 연습해야 한다. 당연한 말이겠지만, 암기가 아니라 몸에 자연스럽게 베어들도록 익히는 것이 중요하다. 암기를 하고 있다는 느낌을 주면 감점이 되기 때문이다. 따라서 발음과 억양의 자연스러움을 유지할 수 있도록 교정 작업을 여러 번 해야 한다.

이를 위해서는 역시 녹화를 미리해보는 것이 중요하다. 카메라에 얼마나 자연스럽게 자신이 노출되는지, 표정이 자연스러운지 등등을 체크해보고 교정하는 작업도 해야 한다.

어차피 이 과정은 비디오 에세이뿐만 아니라 나중에 어드미션 커미티와의 인터뷰에도 필요한 부분이기에 미리미리 준비를 하는 것이 좋다. 이런 과정은 단기간에 될 수 있는 것이 아니라는 것이 문제인데, 적어도 3개월은 준비를 하라고 권하고 싶다. 대부분의 지원자가 비디오 에세이가 있는 줄도 모르다가 원서를 제출하기 임박하여 허겁지겁 예상 질문에 대한 답변을 만들고 이를 암기한다. 이렇게 되면 예상 질문이 실제 비디오 에세이에 등장해도, 굉장히 어색하게 답변을 할 가능성이 높기 때문에 감점요소가 다분하다. 따라서 최대한 일찍 준비할 수 있기를 당부한다.

녹화를 위한 조용하고 깔끔한 환경을 마련해야 한다.

: 혼자서 생활하는 지원자의 경우에는 큰 문제가 없을 수 있지만, 부모님과 함께 생활하거나 어린 자녀 등 가족이 있는 환경에서 생활하는 경우에는 이 점이 특히 중요하다. 본인이 집중할 수 있는 환경을 만들지 못한다면 정상적인 답변과 녹화가 어려울 수 있다. 따라서 자녀들이 어린이 집이나 학교에 가있는 시간 등을 이용해서 충분히 집중할 수 있는 환경을 조성하는 것이 중요하다. 또한 녹화 배경에 잡다한 것들이 없도록 신경을 쓰는 것 역시 중요하다. 하얀 벽지가 나오는 것은 전혀 문제될 것이 없지만, 여타 포스터나 아이들이 그린 그림과 같이 무언가 프로페셔널한 분위기를 저해할 것 같은 것들이 보이면 잠시나마 치워두는 것이 좋

다. 비주얼이라는 측면에서 본의 아니게 손해를 볼 수도 있다는 점에 명심하자.

조명과 화면조정도 미리 준비해야 할 과제이다. 얼굴에 반사광이 많이 비치지는 않는지, 조명이 너무 과하지는 않은지. 너무 밝게 혹은 너무 어둡게 나오지는 않는지. 이런 디테일들은 무심코 넘어갈 수 있는 것들이지만, 잘만 준비한다면 충분히 좋은 인상을 줌으로써 플러스 알파적인 요소들로 만들 수 있는 것들이다. 동시에 표정관리 역시 살펴볼 수 있는 기회가 된다. 혹시라도 말을 하면서 계속 인상을 쓰지는 않는지. 혹은 자신은 모르지만 어떤 나쁜 습관 같은 것들은 없는지를 미리 체크하는 것 역시 권장할만한 교정 포인트이다. 마이크의 위치나 이로 인한 자세 역시 적절한지 미리 살펴보는 것이 필요할 것이다.

가급적이면 정장 등 공식석상에 어울리는 복장을 착용할 것을 권한다.

: 사실 모든 학교들이 비디오 에세이 녹화 시에 공식복장을 요구하는 것은 아니다. 하지만 이 학교 저 학교의 서로 다른 요구들에 맞추려고 신경을 계속 쓰고 있는 것보다는 아예 정장 등을 입고 그 부분은 머릿속에서 지워버리는 것이 마음에 편하다. 다행인 것은 어차피 비디오 에세이 녹화과정 동안 하반신을 보여줄 일은 없기 때문에 위에만 잘 챙겨 입으면 그만이라는 점이다. 아래는 반바지 등 편한 복장을 하고 의자에 앉아 진행하면 된다.

대답은 최대한 간결하고 상식에 맞추어 적합하게 하자.

: 무엇보다 주어진 시간이 문제당 1~2분 정도라는 것에 주목해야 한다. 핵심적인 대답만 하기에도 부족한 시간이다. 답을 하기 전에 마음속으로 생각을 정리할 시간이 주어짐으로 이 시간 동안에 간단한 메모를 해두는 것이 좋다. 30초 이하의 짧은 시간만 주어지기 때문에 사용할 핵심적인 단어나 사항들을 정말 간단하게만 적어둔다는 정도로 생각하는 것이 적합하다.

마지막으로 신경 써야 할 것은 바로 답변의 방향성이다. 지금 우리는 MBA 인터뷰를 하고 있는 셈이다. 따라서 모든 질문은 좋은 MBA 지원자를 찾아내기 위한 것임을 잊지 말아야 한다. 따라서 내가 해야 하는 답변 역시 자신이 좋은 지원자라는 것을 충분히 보여주는데 초점을 맞추어야 할 것이다. MBA와는 다소 관계없는 질문, 예를 들어 "주말에 무엇을 하면서 쉬는가"라는 질문 역시 그냥 "집에서 잔다"와 같이 단순한 답변 보다는 "회사에서의 좋은 효율성으로 일을 하기 위해 강변에서 사이클을 탄다"와 같이 최대한 문맥을 만들어서 대답하는 것이 좋다. 부연하여 "자전거를 타면 스트레스도 해소되고, 앞의 사물에 최대한 집중하는 능력도 좋아져서 회사생활에 도움이 된다"와 같이 깊은 생각에서 나온 답변임을 강조하는 것이 좋다.

▶ 합격의 마지막 관문 인터뷰, 어떤 방식으로 이루어질까?

: 비디오 에세이까지 마치고 원서를 접수했다면, 이제 인터뷰를 기다리는 일만 남았다. 인터뷰는 원서리뷰가 끝나는 시점에 학교 측에서 이메일로 통보를 해준다. 인터뷰 이메일이 오면, 메일의 지시에 따라 인터뷰 일정을 잡게 된다. 인터뷰는 크게 대면 인터뷰 혹은 on-campus interview와 비대면 인터뷰 혹은 online interview로 나뉜다. 한국에 거주하고 있는 지원자들의 경우에는 아무래도 온라인 인터뷰가 압도적인 비율을 차지할 수밖에 없지만, 경우에 따라서는 학교 측의 초청으로 캠퍼스에 방문하여 대면 인터뷰를 치르게 되는 경우도 있을 수 있다.

제3의 방식도 있다. 동문인터뷰alumni interview가 바로 그것이다. 이 방식은 멀리까지 지원자를 부르기 곤란한 대면인터뷰의 단점과, 화면으로 지원자를 보아야한다는 온라인 인터뷰의 단점을 적당히 줄일 수 있는 방식이다. 아마 한국인 지원자들의 경우에는 한국에 있는 동문들과 일정을 조율하여 대면인터뷰를 치르게 할 것이다. 상대는 미국인일 수도 있고, 한국인일 수도 있으며, 또한 제3국적의 인물일 수도 있다. 어드미션 커미티와 진행하는 인터뷰에 비한다면 덜 딱딱한 분위기에서 이루어지기는 하겠지만 어쨌든 공식적인 인터뷰라 생각하고 이에 맞추어 준비하는 것이 좋을 것이다.

한 가지 더 추가적인 사항으로 2020년 신종바이러스로 인한 팬데믹pandemic 사태와 관련된 변화를 짚어볼 수 있다. 예상치 못한 전 세계적 질병의 유행으로 MBA 입학 역시 대면 인터뷰는 크게 줄어들 가능성이 높다. 따라서 앞으로는 과거보다 훨씬 광범위한

형태로 온라인 인터뷰가 행해질 가능성이 크다고 보는 것이 합리적인 예상이 될 것이다.

▶ 인터뷰에서는 무엇을 알아보기 위한 것일까?

MBA 인터뷰는 크게 다음의 사항들을 알아보고자 한다.

우리 MBA 프로그램에 오고자 하는 열망이 얼마나 있는가.

객관적인 수치로 증명할 수 없는 것들이지만, 지원자의 표정과 태도 등에서 얼마나 간절히 합격을 원하는 지를 읽어내려 할 것이다.

상대와 의사소통할 수 있는 능력이 어느 정도 뛰어난가.

공감능력이 있고, 만난 후에 신뢰를 느낄 수 있는 지원자를 고르려 할 것이다. 대화가 안 통한다는 느낌이나 선입견이 뿌리 깊게 자리하고 있다는 인상을 준다면 합격의 기회는 현저히 줄어들 것이다.

자신의 목표에 대한 신념과 의지가 충분한가.

이 역시 수치화하기 어려운 자료로 지원자의 말과 행동, 그리고 표정을 통해 읽어내려 할 것이다.

대인관계를 얼마나 원활히 형성할 수 있는가.

뛰어난 지원자라고 하더라도 단체 생활이 어렵다는 느낌, 의사소통이 어려운 외골수라는 느낌을 준다면 합격이 어려울 수 있다.

인간적으로 겸손하고 솔직한 사람인가.

우수한 MBA 프로그램에 지원한 지원자들이야 모두 뛰어난 사람들이지만, 겸양의 미덕이 없는 사람이라는 인상을 주면 이 역시 큰 마이너스 요인이 될 것이다.

영어로 자신을 표현할 수 있는 능력이 충분한가.

한국인 지원자들이 가장 주의해야 할 부분으로 영어로 원활하게 의사소통이 되지 않는다면 합격이 어려울 것이다.

▶ 인터뷰 질문유형별 대처전략은?

Note: 대표적인 인터뷰 질문들은 비디오 에세이와 크게 다르지 않다. 샘플 질문은 비디오 에세이를 참조하길 바란다.

모든 지원자에게 주어질 법한 대표적인 질문들이 있다.

: 이런 질문들은 다음과 같다. "왜 우리 학교를 선택했는가?" "훌륭한 경영자의 자질은 무엇이라 생각하는가?" "본인이 생각하는 훌륭한 리더쉽은?" "동료들과 원활한 커뮤니케이션을 하기 위해서는 어떤 전략을 택하는 것이 좋은가?" 등등 어느 학교, 어느 MBA나 물어볼만한 질문들이 있을 것이다. 이런 것들이 모든 지원자에게 공통적으로 쏟아지지는 않겠지만, 적어도 이들 중 하나 이상 대답할 일이 있을 것이라고 보면 된다. 비디오 에세이와는 달리 인터뷰는 상대적으로 그 시간이 길기 때문에 더 많은 질문들이 주어지게 된다. 따라서 공통질문들에 공을 들여 가장 많은 시간을 가지고 연습해야 한다.

대처방식을 묻는 질문들이 있다.

: 특정상황을 주고 이에 대한 지원자의 대처방식을 묻는 질문들이다. 예를 들어 "직장상사의 견해가 본인의 판단과 완전히 반대인데, 직장상사의 견해를 따르면 회사에 큰 손해가 날 수밖에 없는 상황이다. 이럴 때 어떻게 대처하겠는가?" 혹은 "해결하기 매우 까다로운 과제에 대처하는 본인만의 방식은 무엇인가?" 등이

이에 해당될 것이다. 이런 질문에 대한 정답은 없겠지만 효과적인 답변을 위해서 '자신의 철학'이 무엇인지에 대해 정리해놓는 과정은 필요하다고 본다. 즉, 내 "철학 혹은 원칙이 이러하기에 이렇게 행동 한다"는 답변 방식을 정해놓는다면 예상치 못한 질문에도 비교적 유연하게 대처할 수 있을 것이다.

전혀 예상할 수 없는 질문들도 있다.

: 이런 질문들 역시 하나 정도는 물어올 것이라고 생각하고 있어야 한다. 비디오 에세이 샘플 질문들에서도 알 수 있었지만, 상상을 초월하는 질문들이 등장한다. 때로는 이것이 대체 MBA와 무슨 관계가 있나 싶은 질문들도 많이 있는데, 이런 질문들은 애초에 예상이 불가능하다. 따라서 이런 질문이 나올 것이라는 것을 각오는 하고 있어야 당황하는 일을 피할 수 있을 것이다.

3분 이상 답하지 마라.

: 시간을 너무 끌게 되면 답변을 듣는 사람도 지루해지고, 전반적인 분위기도 루즈해진다. 특별한 상황이 아니라면 모든 답변은 적절한 시간 내에 하는 것이 좋다.

완벽한 답변보다는 상세한 답변을 추구하라.

: 틀리지 않으려고 지나치게 긴장을 하다보면 해야 할 말도 하지 못하고 기회가 지나가 버리는 경우가 생기게 된다. 하나도 틀리지 말고 해야겠다는 생각보다는 자세한 예를 들어 자신의 실제 이야기를 전달한다는 느낌을 주는 것이 중요하다. 하나도 틀리지 않는 대답은 개성이 없는 대답일 수도 있다는 점을 명심하자. 인터뷰는 틀리지 않는 것보다 강한 인상을 남기는 것이 더 중요한 경우가 많다.

Part 2

미국 최고의 MBA 프로그램들

▶ 미국 최고의 MBA 프로그램 선정기준

1) 미국 내 인지도
2) 한국 내 인지도
3) GMAT과 GRE 점수 등을 종합한 합격 난이도
4) 실제 기업에서의 명성과 동문 영향력
5) 프로그램의 역사성
6) 학교의 위치
7) 언론과 각종 랭킹의 평가

핀길 윌리엄스 Finnguil Williams는 수년간 위에 언급된 자료들을 조사하여 자체적으로 미국 최고의 MBA 프로그램들을 선발하였다. 최초의 MBA 합격전략서인 이 책의 독자들, 즉 한국인 지원자들에게 큰 도움이 될 것이라 확신한다. 이 책 없이 준비하는 다른 지원자들보다 훨씬 유리한 조건에서 지원 작업을 진행할 수 있을 것이다. 아래의 자료들은 이 책이 참고한 각 대학을 평가하기 위해 참조한 순위들을 제공하고 있는 기관들이다.

주요 인용 매체

U.S. News & World Report

: 미국에 있는 대학에 대한 평가에서 가장 널리 알려진 기관이다. 1983년부터 미국대학에 대한 순위를 내놓기 시작해, 이제 40년에 달하는 역사를 지니게 되었다. 대중적으로 가장 높은 인

지도를 보유한 미국대학 평가매체이며, 미국 MBA에 대한 순위 역시 매년 내어놓고 있다. 특이한 점은 각 세부 전공에 대한 순위도 상위권 프로그램에 한해 제공하고 있다는 것인데, Finnguil Williams 역시 이 점을 일정부분 이 책에 반영하였다. 또한 경영대 학부 순위도 찾아볼 수 있어, 여러모로 중요한 평가결과임에는 분명하다 하겠다. 다만, 이 순위의 가장 큰 문제는 매년 순위가 적지 않게 변한다는 것인데, 이런 단점을 보완하기 위하여 최근 5년의 순위를 모두 추적해 그 추이를 반영하였다.

Forbes

: 비즈니스 분야에 한해서는 U.S. News & World Report 보다 더 광범위하게 인용되는 경향도 있다. 이 매체에서 발표하는 경영대 순위는 매년 각종 언론의 조명을 받고 있기 때문에 U.S. News & World Report와 비슷한 비중을 두어 각 경영대 평가에 반영하였다. 포브스 역시 매년 순위가 유의미하게 변화하기 때문에 최근 5년의 자료를 그 추이를 반영하여 참고하였다. 다른 어떤 매체보다도 미국 내 MBA 프로그램의 위상을 살펴보는데 적합한 자료라고 할 수 있겠다.

기타 인용 매체

Bloomberg Businessweek

: 비즈니스 분야에서는 포브스 못지 않게 영향력이 있는 매체로, 여기에서도 매년 미국 경영대 순위가 발표된다. 전체적인 트렌드는 U.S. News & World Report와 포브스 등과 크게 어긋나지는 않지만, 매년 순위의 등락폭이 너무 크다는 문제점이 있다. 따라서 5년간의 수치와 경향을 반영한다 하더라도 안정성이라는 면에서 신뢰도에 한계가 있다는 결론에 도달하였다. 이에 앞에 언급한 두 매체 보다는 훨씬 적은 비중을 두어 개별 학교 평가에 반영하였다.

Financial Times

: 파이낸셜 타임즈 역시 비즈니스 분야에서는 권위를 인정받는 매체로, 이곳도 매년 경영대 순위를 내고 있다. 다만 미국이 아닌 세계순위를 내고 있기에 이 자료로 미국 경영대의 순위를 평가하는 데에는 한계가 있기에 최근의 결과 위주로 참고자료로만 이용하였다.

Economist

: 이코노미스트의 경영대 순위 역시 미국이 아니라 주로 전 세계 순위를 중심으로 출판되기에 파이낸셜 타임즈와 마찬가지로 참고자료로만 이용하였다. 이 순위의 경우 특히 영국을 제외한 유럽 경영대들에 대해서도 상당히 호의적인 평가를 내어놓고 있다는 특이점이 있다. 동시에 미국 경영대들 간의 순위 역시 일반적

인 대중적 인식과는 상당히 다른 결과를 내어놓고 있어 사실 고개를 갸우뚱하게 하는 경우가 적지 않게 있다. 하지만 이 역시 중요한 매체에서 제공하는 결과이기에 일정부분 평가에 반영하였다.

QS (Quacquarelli Symonds)

: 아마 U.S. News & World Report와 더불어 한국에 가장 잘 알려진 대학순위 매체일 것이다. 매우 중요한 자료이기에 이 역시 이 책의 미국 경영대 평가에 반영하였으나 두 가지 문제점을 들어 제한적으로만 이용하였다. 1) 우선 QS는 미국 내 순위가 아닌 세계 순위 모두를 반영하고 있어, 미국 내 프로그램간의 경쟁관계를 분석하는 데에는 적합하지 않다. 2) 이 매체는 전통적으로 국가 간의 순위 배분에 신경을 많이 쓰는 편이라 우수한 미국 학교들이 그보다 못한 타국가의 대표학교들에 뒤지는 순위를 보이는 경우가 많다. 게다가 영국 학교들이 지나칠 정도로 순위가 높게 편성되어 있다는 인상을 꾸준히 주고 있어 이 책에서는 제한적으로만 이용하였다. 아마도 이 매체가 영국에서 나오는 것이라 그런지 이 매체의 자료를 보면 세계대학의 학문적 위상을 미국과 영국이 양분하고 있는 것처럼 보인다. 영국학교는 옥스퍼드 University of Oxford, 캐임브리지 University of Cambridge, 임피리얼 칼리지 Imperial College London 등을 제외한다면 이미 수 십 년 전부터 미국 주요대학의 위상에 크게 미치지 못해왔다는 점을 고려한다면 이 매체의 결과를 그대로 수용하는데 신중을 기할 수밖에 없었다.

Baruch College (Zicklin)
뉴욕시립대 버룩 칼리지 - 지클린 경영대

운영형태 시립	경영대 설립 1919년
위치 뉴욕 시, 맨해튼	학비 연 $30,000
캠퍼스 환경 대도시	생활비 연 $30,000

| 합격 난이도

5

| 주요 기관 평가 *U.S. News* + *Forbes* + 기타

5

| 비슷한 명성과 수준의 *MBA* 프로그램

마이애미University of Miami. 노스이스턴Northeastern

- 놀라운 정도로 저렴한 학비
  : 뉴욕 시립대 시스템의 특징이다.
- 탄탄한 커리큘럼
- 맨해튼에 위치한 경영대

- MBA로서는 최고의 위치라고 할 수 있다.
- 한국에는 덜 알려져 한국인 지원자끼리의 경쟁을 피할 수 있다.

- 한국에는 생소한 학교의 인지도
- 비싼 생활비
  : 학비와 생활비가 비슷하게 들어간다.
- 사실상 캠퍼스가 없는 학교환경
  : 이 점에서는 뉴욕대-스턴과 유사한 측면이 있다.

Credit: Beyond My Ken

지원시기

지원 라운드	원서제출 데드라인	합격자 발표
1	12월 1일	2월 1일
2	2월 1일	4월 1일
3	4월 1일	6월 1일
4	6월 1일	7월 15일

· 지원 시기는 2019-20년 지원시기 기준이다.
· 매년 다소간의 변동이 발생할 수 있다.

제출시험

TEST 종류	제출 사항	권장점수
GMAT & GRE	GMAT 과 GRE 모두 제출가능	GMAT +620
TOEFL & IELTS	TOEFL 미니멈 100 IELTS 미니멈 7	TOEFL +100

· 시험정보는 2019-20년 지원시기 기준이다.
· 매년 다소간의 변동이 발생할 수 있다.
· GMAT의 경우 대부분의 프로그램이 미니멈을 두지 않는다. GMAT과 TOEFL 권장점수는 핀길윌리엄스가 그 동안의 한국인 지원자들의 점수를 토대로 제시한 것으로 지원자 별로 변동이 있을 수 있다.

지원 에세이 정보

• Essay 1 (500 word limit):

Why are you looking to pursue an MBA or MS degree at this point in your life and what do you see yourself doing professionally upon graduation? What key actions have you taken up to this point to prepare you for this career?

• Essay 2 (250 word limit):

Choose one of the following:

→ Discuss a social issue that you feel deeply about. Describe how you would contribute to the solution.

→ Describe a technology trend that will impact your target career.

→ Reach out to someone you haven't met before for an informational interview to learn more about your target role and the steps you can take to achieve success. Discuss who you met, how you connected with them, and what insights you gained from your conversation.

• Optional essay:

You may provide the Admissions Committee with any information that you would like the members to consider as they make their decision.

| *Finnguil Williams* 컨설팅의 합격조언

지원하기 어렵지 않으면서 양질의 교육을 제공하는, 그러면서도 학비마저 저렴한 최고의 MBA 프로그램이다. 경제적으로 다소 여유가 없지만 미국 명문대의 MBA가 필요한 지원자, 혹은 성적이 조금 부족하지만 성실한 지원자에게 도전을 권장하고 싶다. 에세이도 일반적인 MBA 지원 에세이에서 크게 벗어나지 않기 때문에 미리 잘 준비하면 충분히 대처가 가능하다.

Credit: Tdorante10

Boston College (Carroll)
보스턴 칼리지 - 캐롤 경영대

운영형태 사립	경영대 설립 1938년
위치 매사추세스 주, 보스턴 시 근교	학비 연 $56,000
캠퍼스 환경 대도시 근교	생활비 연 $27,000

| 합격 난이도

6

| 주요 기관 평가 *U.S. News* + *Forbes* + 기타

5

| 비슷한 명성과 수준의 *MBA* 프로그램

로체스터-사이먼(Simon), CUNY 버룩-지클린(Baruch College-Zicklin)

- 높은 학교의 명성

 : 보스턴 칼리지는 미 동부에서 높은 명성을 자랑하는 학교이다.

- 그림같이 아름다운 고딕풍의 캠퍼스

: 미국에서 가장 아름다운 학교 중 하나이다.

- 주로 상류층 자제들로 구성된 동문

: 전통적으로 상류층 자제들이 많이 다니는 학교이다.

- 사립 중에서는 합리적인 학비

: 사립 MBA 중에서는 확실히 싼 편이다.

- 학교의 명성에 비해 다소 낮은 MBA 인지도
- 학부에 비해 다소 약한 대학원
- 생각보다는 많이 까다로운 입학

Credit: Magnus Manske

지원시기

지원 라운드	원서제출 데드라인	합격자 발표
1 라운드	10월 1일	11월 11일
2 라운드	11월 26일	2월 12일
3 라운드	1월 7일	3월 18일
3 라운드	3월 17일	5월 6일
3 라운드	4월 14일	6월 3일
3 라운드	5월 5일	6월 17일

· 지원 시기는 2019-20년 지원시기 기준이다.
· 매년 다소간의 변동이 발생할 수 있다.

제출시험

TEST 종류	제출 사항	권장점수
GMAT & GRE	GMAT 과 GRE 모두 제출가능	GMAT +660
TOEFL & IELTS	TOEFL 미니멈 100 IELTS 미니멈 7	TOEFL +100

· 시험정보는 2019-20년 지원시기 기준이다.
· 매년 다소간의 변동이 발생할 수 있다.
· GMAT의 경우 대부분의 프로그램이 미니멈을 두지 않는다. GMAT과 TOEFL 권장점수는 핀길윌리엄스가 그 동안의 한국인 지원자들의 점수를 토대로 제시한 것으로 지원자 별로 변동이 있을 수 있다.

지원 에세이 정보

Career Goals

Please briefly identify your post-Masters short term and long term career goals where indicated below. (Short-term goals, long-term goals, 200 characters each.)

Required Essay

Please discuss how you plan to achieve your short and long term career goals following graduation from Boston College. What challenges will you face and how will you leverage your academic and professional experiences to achieve these goals? (500 words)

Optional Essays (아래 중 1 선택)

1.
Please introduce yourself to the BC community. Feel free to be creative in expressing your message. (500 words recommended)

2.
If you have not had coursework in core business subjects (accounting, finance, microeconomics, statistics), or if your standardized test scores are low, please tell us how you plan to prepare for the quantitative rigor of the BC graduate curriculum.(500 words recommended)

3.
Is there any other aspect of your candidacy that you would like to explain in more detail? (500 words recommended)

Finnguil Williams 컨설팅의 합격조언

지원 에세이가 다소 까다로운 편이다. 에세이 주제도 일반적이지 않은 것들이 몇 개 섞여 있음으로 다른 학교와 별도로 시간을 내어 준비를 해야 할 것이다. 보스턴 칼리지는 스텟이 낮은 학생을 싫어하기 때문에 합격이 생각보다 까다로운 편이다. 하지만 일단 합격만하면 그만큼 좋은 학생들과 우수한 교육을 받을 수 있기 때문에 뜻있는 지원자들의 도전을 추천한다.

Credit: Yelm

Boston University (Questrom)
보스턴 대학교 – 퀘스트롬 경영대

```
운영형태    사립                경영대 설립  1913년
위치  매사추세츠 주, 보스턴 시     학비     연 $60,000
캠퍼스 환경 대도시                생활비    연 $33,000
```

| 합격 난이도

7

| 주요 기관 평가 *U.S. News* + *Forbes* + 기타

6

| 비슷한 명성과 수준의 *MBA* 프로그램

라이스–존스 Rice (Jones), 인디애나–켈리 Indiana (Kelley),
조지아텍–셸러 Georgia Tech (Scheller)

- 미국 역사·문화의 중심지 보스턴에 위치한 캠퍼스
 : 이 자체만으로도 이 학교를 택할 이유가 될 것이다.
- 헬스케어와 광고 분야의 유서 있고 우수한 커리큘럼

- 2010년대 이후로 가속이 붙고 있는 경영대의 성장속도
 : 2015년 퀘스트롬으로 경영대의 이름을 변경한 이후 경영대 재정이 좋아지면서 성장 속도가 빨라지고 있다.

Credit: Daderot

- 최상위권 MBA 프로그램들과의 격차

  : 퀘스트롬의 MBA가 우수한 프로그램임에도 성장의 가속도가 붙은 것은 비교적 최근의 일이라 최상위권과의 약간의 격차가 존재한다.

- 학교의 유명세로 인해 다소 까다로운 입학

- 영어로 커뮤니케이션이 원활한 지원자를 선호하는 학교의 전통

  : 영어로 말하는 것에 다소 자신이 없는 한국인 지원자들에게는 합격을 위해 넘어야할 고비들이 꽤 있다.

Credit: Public Domain

지원시기

지원 라운드	원서제출 데드라인	합격자 발표
1 라운드	10월 10일	12월 17일
2 라운드	1월 6일	3월 6일
3 라운드	3월 16일	5월 6일

· 지원 시기는 2019-20년 지원시기 기준이다.
· 매년 다소간의 변동이 발생할 수 있다.

제출시험

TEST 종류	제출 사항	권장점수
GMAT & GRE	GMAT 과 GRE 모두 제출가능	GMAT +680
TOEFL & IELTS	TOEFL 미니멈 90 IELTS 미니멈 6.5	TOEFL +100

· 시험정보는 2019-20년 지원시기 기준이다.
· 매년 다소간의 변동이 발생할 수 있다.
· GMAT의 경우 대부분의 프로그램이 미니멈을 두지 않는다. GMAT과 TOEFL 권장점수는 핀길윌리엄스가 그 동안의 한국인 지원자들의 점수를 토대로 제시한 것으로 지원자 별로 변동이 있을 수 있다.

지원 에세이 정보

Prompt

If you're someone who feels they can better express themselves and their reasons for applying to the Questrom School of Business in writing, we encourage you to complete the written essay. Within the "Documents" section of the "Program Materials" portion of the application, you will scroll down to "Essay" and click "Add Document" to upload your written essay.

Note: Your written essay should be no more than 750 words, and should explain to the admissions committee why you'd like to earn your degree from the Questrom School of Business specifically. It should also address why you have selected the program you are applying to (Full-Time MBA, Professional Evening MBA, Health Sector MBA, Dual Degree, etc.) – and how that program will help you achieve your post-graduate goals.

Optional Essay

If you have any additional information to bring to the attention of the Admissions Committee, you may address it in an optional essay of no more than 250 words. Acceptable topics for the optional essay include gaps in post-college work experience, choice of recommenders, and concerns about academic/test performance. If you plan to retake any admissions tests (GMAT or GRE; TOEFL, IELTS or PTE), please provide the date of your scheduled test here. To upload an optional essay, please scroll to the "Essay" section and click "Add Document."

Video Essay

Note: If you're someone who feels they can better express themselves and their reasons for applying to the Questrom School of Business through a video, we encourage you to complete the video essays. Within the "Documents" section of the "Program Materials" portion of the application, you will find your personalized link to the video essay website. Clicking this link will bring you to the Kira Talent website, our partner for the video essay process. When you register, you must use the same email address that you used to create your admission application account.

Upon creating your account with Kira Talent, you can begin your video essays. You'll need to use an internet-connected computer with a webcam and microphone. We will first ask you a question that all candidates will receive. You'll have thirty seconds to prepare, and then 60 seconds to record your answer. This will then repeat for two additional random short-answer questions.

You can practice an unlimited number of times with Kira Talent's provided example questions, but once you start the formal video essay questions, you are only allowed one opportunity. This allows the committee to see your candid responses. The formal process should only take you about five minutes to complete, and can be done on your own time. If you have any questions about your video interview once you've registered, please contact support@kiratalent.com.

Finnguil Williams 컨설팅의 합격조언

합격의 키워드는 비디오 에세이이다. 웹사이트에 접속하여 3개의 에세이 질문에 60초 가량의 시간동안 답변하는 에세이 과제인데, 미국인 지원자들에게는 창의성을, 한국인 지원자들과 같이 외국인 지원자들에게는 영어로 커뮤니케이션 할 수 있는 능력을 테스트하는 시험이 될 것이다. 전통적으로 BU는 모든 외국인에게 영어로 원활하게 커뮤니케이션 할 수 있는 능력을 요구해왔다. 따라서 토플의 경우에도 미니멈 점수를 넘었다고 해서 만족하기 보다는 스피킹 섹션에서 높은 점수를 받을 수 있도록 노력해야 한다. 같은 점수의 지원자라고 하더라도 영어구사 능력이 뛰어난 지원자가 확실히 우위에 설 수 있는 평가기준을 보여준다.

Credit: Public Domain

Credit: John Phelan

Carnegie Mellon University (Tepper)
카네기 멜론 대학교 – 테퍼 경영대

운영형태 사립	경영대 설립 1949년
위치 펜실베니아 주, 피츠버그 시 근처	학비 연 $72,000
캠퍼스 환경 대도시 근교	생활비 연 $28,000

합격 난이도

7

주요 기관 평가 *U.S. News* + *Forbes* + 기타

8

비슷한 명성과 수준의 MBA 프로그램

> UCLA-앤더슨 (Anderson), 뉴욕대-스턴 (NYU Stern),
> USC-마샬 (Marshall)

- 컴퓨터 금융과 신기술 관련, 그리고 학제간 교류 등, 혁신적인 비즈니스와 관련한 커리큘럼의 선구자

  : 한국인 지원자 중에는 IT관련 종사자들이 많기 때문에 테퍼 경영대는 아주 이상적인 교육환경을 제공한다 할 수 있다.

- 미국 내에서 탑20 수준을 자랑하는 MBA의 명성

  : 한국에서도 카네기 멜론은 매우 잘 알려진 학교이기 때문에 인지도 측면에서는 아주 훌륭한 선택이다.

- 밝은 미래

  : 첨단기술과 관련된 공학 분야가 뛰어난 학교이기 때문에 앞으로도 명성이 꺾이지 않고 유지될 것으로 보인다.

- 비싼 학비
- 캠퍼스가 위치한 도시인 피츠버그의 침체된 분위기

  : 미국에서도 쇠락한 러스트벨트$^{Rust\ Belt}$를 대표하는 도시로 앞으로도 경기가 좋아지기 쉽지 않다.

- 다소 단조롭고 매력 없는 캠퍼스

  : 바로 옆에 위치한 피츠버그 대학교의 캠퍼스에 비교되어 더 매력 없게 느껴지는 측면이 있다.

Credit: FW

지원시기

지원 라운드	원서제출 데드라인	합격자 발표
1	10월 6일	12월 11일
2	1월 5일	3월 4일
3	3월 2일	5월 4일
4	4월 9일	5월 21일

· 지원 시기는 2019-20년 지원시기 기준이다.
· 매년 다소간의 변동이 발생할 수 있다.

제출시험

TEST 종류	제출 사항	권장점수
GMAT & GRE	GMAT 과 GRE 모두 제출가능	GMAT +680
TOEFL & IELTS	미니멈 없음	TOEFL +105

· 시험정보는 2019-20년 지원시기 기준이다.
· 매년 다소간의 변동이 발생할 수 있다.
· GMAT의 경우 대부분의 프로그램이 미니멈을 두지 않는다. GMAT과 TOEFL 권장점수는 핀길윌리엄스가 그 동안의 한국인 지원자들의 점수를 토대로 제시한 것으로 지원자 별로 변동이 있을 수 있다.

Credit: FW

Credit: FW

지원 에세이 정보

-There is one required essay for all Tepper MBA applicants. This essay should be double-spaced and use a standard (i.e. Times New Roman or Arial), 12-pt font.

-You may also submit an optional essay to add information that you do not feel is adequately covered elsewhere in the application. If you believe your credentials and essays represent you fairly, you should not feel obligated to complete the optional essay.

Finnguil Williams 컨설팅의 합격조언

한국에서의 명성이 미국에서의 명성을 뛰어넘는 특이한 학교가 바로 카네기 멜론이다. 아무래도 IT산업이 국가 주력인 한국의 특성상 관련분야에서 두각을 나타내는 학교를 좋아하는 게 이유가 아닐까 싶다. 아무튼 한국에서 상당히 인기가 좋은 학교인데다가 에세이 등의 작성 서류가 많이 까다로운 편이 아니기 때문에 잘 준비된 지원자라면 지원리스트에 포함시켜야 할 학교이다.

Columbia University
컬럼비아 대학교

운영형태	사립	경영대 설립	1916년
위치	뉴욕 맨해튼	학비	연 $79,000
캠퍼스 환경	대도시	생활비	연 $35,000

합격 난이도

10

주요 기관 평가 *U.S. News* + *Forbes* + 기타

9

비슷한 명성과 수준의 *MBA* 프로그램

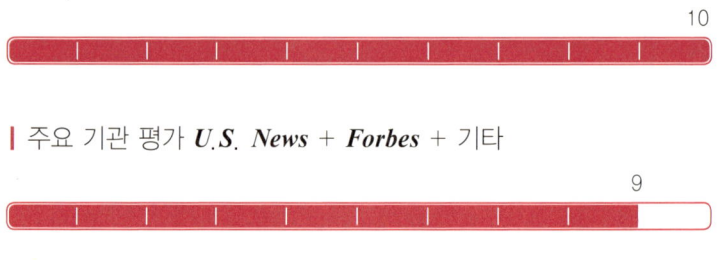

노스웨스턴 Northwestern (Kellogg), 예일 Yale, 시카고 Chicago (Booth)

- 세계에서 가장 우수한 금융과 마켓팅 커리큘럼

  : 맨해튼이라는 지역적 특성과 맞물려 이 분야는 가히 상대가 없다고 할 수 있다.

Credit: FW

- 미국 경제의 허브인 뉴욕시에 위치

  : 이 학교를 택하는 많은 학생들의 이유가 바로 이것일 것이다.

- 미국 경제계를 좌지우지하는 동문 영향력

  : 하버드 그리고 유펜의 와튼스쿨과 함께 미국에서 동문 영향력이 가장 강한 경영대 중 하나이다. 워렌 버핏 Warren Buffett, 석사 으로 대표되는 유명 동문들이 즐비하다. 한국 재계에도 컬럼비아 경영대 동문들이 상당 수 있다.

- 무수히 많은 리서치 프로그램들

  : 이 역시 미국 최고 수준이다.

컬럼비아 대학교

- 비싼 학비

  : 뉴욕 맨해튼의 생활물가까지 고려한다면 미국에서 가장 비싼 MBA 중 하나이다.

- 너무 힘든 입학

  : 사실상 하버드와 다를 바 없는 난이도를 자랑한다. 특히 한국인 지원자들이 몰려 합격이 어렵다.

Credit: FW

지원시기

지원 라운드	원서제출 데드라인	합격자 발표
8월입학 얼리	10월 초	12월 중
8월입학 레귤러	4월 중	3월 중

- 지원 시기는 2019-20년 지원시기 기준이다.
- 매년 다소간의 변동이 발생할 수 있다.

제출시험

TEST 종류	제출 사항	권장점수
GMAT & GRE	GMAT 과 GRE 모두 제출가능	GMAT +730
TOEFL & IELTS	제출없음	TOEFL -

- 시험정보는 2019-20년 지원시기 기준이다.
- 매년 다소간의 변동이 발생할 수 있다.
- GMAT의 경우 대부분의 프로그램이 미니멈을 두지 않는다. GMAT과 TOEFL 권장점수는 핀길윌리엄스가 그 동안의 한국인 지원자들의 점수를 토대로 제시한 것으로 지원자 별로 변동이 있을 수 있다.

Credit: FW

지원 에세이 정보

모든 지원자는 한 개의 ***short answer***와 세 개의 에세이 질문에 답해야 한다.

Short Answer Question:
What is your immediate post-MBA professional goal? (50 characters maximum)

Examples of possible responses:
"Work in business development for a media company."
"Join a strategy consulting firm."
"Launch a data-management start-up."

Essay 1:
Through your resume and recommendations, we have a clear sense of your professional path to date. What are your career goals over the next 3-5 years and what, in your imagination, would be your long-term dream job? (500 words)

Essay 2:
Why do you feel Columbia Business School is a good fit for you? (250 words)

Essay 3:
Who is a leader you admire, and why? (250 words)

Optional Essay:

Is there any further information that you wish to provide the Admissions Committee? If so, use this space to provide an explanation of any areas of concern in your academic record or your personal history. This does not need to be a formal essay. You may submit bullet points. (Maximum 500 Words)

Reapplication Essay:

•How have you enhanced your candidacy since your previous application? Please detail your progress since you last applied and reiterate how you plan to achieve your immediate and long term post-MBA professional goals. (Maximum 500 words).

Credit: FW

| *Finnguil Williams* 컨설팅의 합격조언

에세이 수가 많은 편이기 때문에 다소 까다로울 수 있다. 시간을 충분히 가지고 작성을 하는 것이 좋다. 리더쉽에 관한 질문이나, 컬럼비아에 지원한 이유에 대한 질문은 식상해지기 쉬운 위험이 있기 때문에 창의적인 답변을 고안해 볼 필요가 있다. 추가 지원 에세이 같은 경우에는 주어진 에세이 질문에서 다루지 못한 부분들을 채우는 공간으로 활용하면 좋을 것이다. 일종의 personal statement 형태로 접근하는 것도 좋다.

토플을 제출하지 않는 학교이기 때문에 인터뷰에서의 영어 답변 능력이 굉장히 중요하다. 능숙한 영어를 구사하지 않는다면 합격이 어려울 수 있다. 따라서 자연스러운 영어 인터뷰가 될 수 있도록 오랜 기간 영어로 말하는 연습을 할 필요가 있다. 한국에서 일반적으로 배우는 영어 대화법과 실제 미국인의 대화 방식은 다소간의 차이가 있다. 이 부분을 넘어서야 유창한 영어를 구사한다는 평가를 받을 수 있다. 미국에서 대학을 나온 지원자가 아니라면 특히 신경을 써서 준비해야 하는 부분이다. 유튜브나 여타 온라인 컨텐츠를 통해 이를 배우는 것을 추천한다.

Cornell University (Johnson)
코넬 대학교 - 존슨 경영대

운영형태 사립	경영대 설립 1946년
위치 뉴욕 주, 이타카 시	학비 연 $74,000
캠퍼스 환경 한적한 전원 캠퍼스	생활비 연 $28,000

| 합격 난이도

8

| 주요 기관 평가 *U.S. News* + *Forbes* + 기타

8

Credit: Axel Tschentscher

비슷한 명성과 수준의 *MBA* 프로그램

> 다트머스-터크 Dartmouth(Tuck), 듀크-푸쿠아 Duke(Fuqua), 뉴욕대-스턴 NYU(Stern)

- 아이비리그 스쿨이 제공하는 MBA

  : 모든 아이비리그 스쿨이 MBA 프로그램이 있는 것이 아니기 때문에 많은 지원자들에게 코넬은 선망의 대상이다.

- 다양한 분야와 창의적으로 연결되어 있는 joint 프로그램들

  : 코넬은 학문적으로 학제간의 혼합을 굉장히 중시하고, 새로운 학문에 대해 대단히 개방적이다. 이런 학풍을 선호하는 지원자들에게는 최고의 학교이다.

- 최근 들어 강조되고 있는 IT관련 커리큘럼들

  : 직접 IT산업과 맞대어 있는 캠퍼스 위치는 아니지만 시대적 흐름에 맞추어 커리큘럼을 강화해 나가고 있다.

- 아름다운 자연환경을 자랑하는 캠퍼스

  : 미국에서 가장 아름다운 자연환경을 자랑하는 캠퍼스 중 하나이다.

Credit: Public Domain

- 다른 최상위권 학교들과 마찬가지로 비싼 학비
- 아이비리그 학위를 노리고 몰리는 지원자로 인해 치열한 경쟁
- 학교 인기에 비해 아주 약간 낮은 학문적 명성
- 외진 곳에 위치한 캠퍼스

: MBA 지원자들에게는 무시할 수 없는 단점이다.

지원시기

지원 라운드	원서제출 데드라인	합격자 발표
얼리액션	9월 5일	10월 15일
1 라운드	10월 8일	11월 15일
2 라운드	11월 5일	1월 15일
3 라운드	1월 8일	3월 20일
4 라운드	4월 8일	5월 8일

- 지원 시기는 2019-20년 지원시기 기준이다.
- 매년 다소간의 변동이 발생할 수 있다.

제출시험

TEST 종류	제출 사항	권장점수
GMAT & GRE	GMAT 과 GRE 모두 제출가능	GMAT +710
TOEFL & IELTS	TOEFL 미니멈 100 베스트 스코어 허용 안 됨 IELTS 미니멈 7	TOEFL +110

- 시험정보는 2019-20년 지원시기 기준이다.
- 매년 다소간의 변동이 발생할 수 있다.
- GMAT의 경우 대부분의 프로그램이 미니멈을 두지 않는다. GMAT과 TOEFL 권장점수는 핀길윌리엄스가 그 동안의 한국인 지원자들의 점수를 토대로 제시한 것으로 지원자 별로 변동이 있을 수 있다.

| 지원 에세이 정보

Goals Statement (단기와 장기적인 측면에서의 커리어 목표):

A statement of your goals will begin a conversation that will last throughout the admissions process and guide your steps during the MBA program and experience. To the best of your understanding today, please share your short and long term goals by completing the following sentences and answering the enclosed short answer question (350 words maximum):

- Immediately post-MBA, my goal is to work as a(n) [Role] at [Company] within [Industry].
• Targeted Job Role:
• Target Job Company:
• Industry:

Credit: Kenneth C. Zirkel

- In 5–10 years post-MBA, my goal is to work as a(n) [Role] at [Company] within [Industry].
• Targeted Job Role:
• Target Job Company:
• Industry:

- How has your experience prepared and encouraged you to pursue these goals?

Impact Essay (코넬 동문이나 교수 혹은 스텝들과 전화 혹은 이메일로 연락하여 서로 의견을 교환한 후 작성):

Impact Essay Prompt:

At Cornell, our students and alumni share a desire to positively impact the organizations and communities they serve. How do you intend to make an impact during the next several years of your education and/or career? (350 words maximum)

Back of Your Resume Essay (한 개인으로서의 지원자의 모습을 알고자 하는 에세이):

Back of Your Resume Essay Prompt:

The front page of your resume has given us a sense of your professional experience and accomplishments as well as your academic summary and extracurricular involvement. If the back page reflects "the rest of your story," please help us get to know you better by sharing ONE example of a life experience, achievement, or passion that will give us a sense of who you are as a potential community member.

Note: Alternative submission formats may include a slide presentation, links to pre-existing media (personal website, digital portfolio, YouTube, etc.), as well as visually enhanced written submissions. Maximum file size is 5 MB. If you choose to submit a written essay, please limit your submission to 350 words or fewer. Multimedia submissions should be under three minutes.

Optional Essay (재지원인 경우는 필수):

You may use this essay to call attention to items needing clarification and to add additional details to any aspects of your application that do not accurately reflect your potential for success at Johnson (350 words maximum).

If you are reapplying for admission, please use this essay to indicate how you have strengthened your application and candidacy since the last time you applied for admission. Please also review our Application Guide for additional information about reapplying (350 words maximum).

| *Finnguil Williams* 컨설팅의 합격조언

명확히 알 수 있듯이 에세이가 가장 까다로운 학교 중 하나이다. 창의적인 답변을 요구하는 에세이가 많고, 전통적인 주제에서 다소 벗어난 질문을 하는 에세이도 있다. 이 경우 다른 학교에 사용했던 에세이를 수정해서 사용할 수 없다는 결론에 도달하는데, 코넬을 쉽게 버릴 수 없는 지원자들에게는 상당한 시간과 에너지가 추가적으로 필요하게 되는 것이다. 게다가 에세이 주제 중 하나는 코넬 동문이나 근무자와 연락을 해야 하는 등 내 의지와 관계없이 상대의 스케줄에 따라 작성해 나가야 하는 것이라 미리미리 연락을 취하고 준비를 해야 한다. 에세이 준비에 소홀한 지원자는 존슨 경영대에서 공부할 수 있는 기회를 얻기 어려울 것이다.

Credit: Indies1

Dartmouth College (Tuck)
다트머스 칼리지 - 터크 경영대

운영형태	사립	경영대 설립	1900년
위치	뉴햄프셔 주, 하노버 시	학비	연 $79,000
캠퍼스 환경	전원적 캠퍼스타운	생활비	연 $27,000

│ 합격 난이도

9

│ 주요 기관 평가 *U.S. News* + *Forbes* + 기타

9

│ 비슷한 명성과 수준의 *MBA* 프로그램

노스웨스턴-켈로그 Northwestern(Kellogg),
컬럼비아 Columbia, UC버클리-하스 UC Berkeley(Haas)

- 세계 최초로 MBA를 시작한 경영대의 역사와 전통

 : 과거부터 현재까지 미국 최고의 MBA 프로그램에 이름을 올리고 있다. 미국 탑10 수준을 자랑한다.

- 아이비리그 학교로서의 권위

: 이 학교를 선택한 많은 학생들의 이유일 것이다.

- 리버럴 알츠와 MBA를 접목시킨 우수한 커리큘럼과 훌륭한 금융관련 커리큘럼
- 무수히 많은 미국 경제계의 동문들

- 지나치게 까다로운 입학
: 매년 300명 정도의 MBA 학생만 받기 때문에 합격이 너무 어렵다.
- 비싼 학비
: 다른 사립명문 MBA처럼 학비가 너무 비싸다.
- 외진 지역에 위치한 캠퍼스와 추운 날씨
: 다트머스가 지닌 가장 도드라지는 약점이다. 이곳에서 학교를 다니면 한국에서는 경험해 보기 어려운 추운 날씨를 경험할 수 있을 것이다.

Credit: Public Domain

Credit: Public Domain

지원시기

지원 라운드	원서제출 데드라인	합격자 발표
1 라운드	10월 7일	12월 12일
2 라운드	1월 6일	3월 12일
3 라운드	3월 30일	5월 7일
4 라운드	4월 1일 ~ 6월 1일 (롤링)	5월 11일 ~ 7월 1일 (롤링)

· 지원 시기는 2019-20년 지원시기 기준이다.
· 매년 다소간의 변동이 발생할 수 있다.

제출시험

TEST 종류	제출 사항	권장점수
GMAT & GRE	GMAT 과 GRE 모두 제출가능	GMAT +720
TOEFL & IELTS	미니멈 없음	TOEFL +110

- 시험정보는 2019-20년 지원시기 기준이다.
- 매년 다소간의 변동이 발생할 수 있다.
- GMAT의 경우 대부분의 프로그램이 미니멈을 두지 않는다. GMAT과 TOEFL 권장점수는 펀길윌리엄스가 그 동안의 한국인 지원자들의 점수를 토대로 제시한 것으로 지원자 별로 변동이 있을 수 있다.

지원 에세이 정보

1.

Tuck students can articulate how the distinctive Tuck MBA will advance their aspirations. Why are you pursuing an MBA and why Tuck? (300 words)

2.

Tuck students recognize how their individuality adds to the fabric of Tuck. Tell us who you are. (300 words)

3.

Tuck students invest generously in one another's success even when it is not convenient or easy. Share an example of how you helped someone else succeed. (300 words)

4.

Optional: Please provide any additional insight or information that you have not addressed elsewhere (e.g., atypical choice of evaluators, factors affecting academic performance, unexplained job gaps or changes). Complete this question only if you feel your candidacy is not fully represented by this application. (300 words)

5.

To be completed by all reapplicants: How have you strengthened your candidacy since you last applied? Please reflect on how you have grown personally and professionally. (300 words)

| *Finnguil Williams* 컨설팅의 합격조언

일단 이 학교에 합격하려면 기본적인 스텟이 우수해야 한다. 다트머스는 귀족적인 전통이 굉장히 강한 학교이기에 전형적인 엘리트 이미지의 학생이 아니라면 합격을 잘 주지 않는 성향이 있다. 따라서 지원자의 출신 학교, 영어능력, 커리어를 보낸 회사 등 여러 요건들이 골고루 합격에 결정적인 영향을 끼칠 것이다. 특히 미국에서 명문대를 나온 지원자들이 유리할 가능성이 크며, 미국 유수의 기업에서 커리어를 쌓았다면 더더욱 유리할 것이다. 그것이 아니라면 시험 성적이 최고로 우수해야 하고, 다른 실적이 확실한 것이 있어야 한다.

Credit: Public Domain

다트머스 칼리지 - 터크 경영대

Duke University (*Fuqua*)
듀크 대학교 – 푸쿠아 경영대

운영형태 사립	경영대 설립 1969년
위치 노스캐롤라이나 주, 더럼 시	학비 연 $72,000
캠퍼스 환경 중소도시 근교	생활비 연 $26,000

| 합격 난이도

8

| 주요 기관 평가 *U.S. News* + *Forbes* + 기타

8

Credit: Public Domain

비슷한 명성과 수준의 *MBA* 프로그램

뉴욕대-스턴 NYU Stern,
UCLA (앤더슨 Anderson), 미시건-로스 Michigan Ross

Credit: Public Domain

- 전반적으로 아주 우수한 커리큘럼과 특히 우수한 경영자 과정
- 짧은 역사에도 빠른 성장을 한 경영대의 역사
 : 덕분에 현 애플 CEO인 팀 쿡^{Tim Cook}이나 빌 게이츠의 부인이며 사회활동가인 멜린다 게이츠^{Melinda Gates} 등의 동문이 꾸준히 나오고 있다.
- 깨끗하고 품격 있는 캠퍼스
 : 고딕양식의 건물로 가득한 고풍스러운 캠퍼스에 시설이 전반적으로 모두 깔끔하고 우수하다.

- 남부 최고의 대학 듀크 대학교
: 듀크대 경영학 전공의 명성 역시 계속 오르는 추세라 한국인 지원자들의 선호가 크다. 한국에서도 인지도 면에서는 아주 높은 편이다.

- 아직은 짧은 편에 속하는 경영대의 역사
: 아무래도 동문들의 폭이나 깊이에 한계가 있는 편이라 당분간은 아쉬움으로 남을 것 같다. 다만 이 점은 빠르게 극복되어나가고 있다.
- 비싼 학비
: 미국에서 최상위에 속하는 비싼 학비가 걸림돌이다.
- 몰리는 한국인 지원자
: 듀크 대학교를 좋아하는 한국인 지원자가 워낙 많아 매년 합격 경쟁이 치열하다.

지원시기

지원 라운드	원서제출 데드라인	합격자 발표
얼리액션	9월 19일	10월 28일
1 라운드	10월 14일	12월 18일
2 라운드	1월 6일	3월 18일
3 라운드	3월 11일	4월 20일

· 지원 시기는 2019-20년 지원시기 기준이다.
· 매년 다소간의 변동이 발생할 수 있다.

| 제출시험

TEST 종류	제출 사항	권장점수
GMAT & GRE	GMAT 과 GRE 모두 제출가능	GMAT +710
TOEFL & IELTS	의무는 아니나 제출 강력 권장	TOEFL +107

· 시험정보는 2019-20년 지원시기 기준이다.
· 매년 다소간의 변동이 발생할 수 있다.
· GMAT의 경우 대부분의 프로그램이 미니멈을 두지 않는다. GMAT과 TOEFL 권장점수는 펀길윌리엄스가 그 동안의 한국인 지원자들의 점수를 토대로 제시한 것으로 지원자 별로 변동이 있을 수 있다.

Credit: Public Domain

| 지원 에세이 정보

Required short-answer essay questions

Instructions: Answer both of the following questions. For each question, respond in 500 characters only (the equivalent of about 100 words).
• Why is pursuing an MBA the right next step for you?
• What are your post-MBA career goals? Share with us your first choice career plan and your alternate plan.

First required essay: 25 random things about yourself

Instructions: Present your response in list form, numbered 1 to 25. Some points may be only a few words, while others may be longer. Your complete list should not exceed two pages.

For context: Fuqua believes different types of people, points of view, and experiences bring out the best in everyone. And above all, we place a premium on succeeding while making a positive impact on businesses, organizations, and the world. These ways of thinking set the Duke MBA experience apart, and this concept extends beyond the student body to include faculty, staff, and administration. When a new person joins the Admissions team, we ask that person to share with everyone in the office a list of "25 Random Things About

Yourself." As an Admissions team, we already know the new hire's professional and academic background, so learning these "25 Random Things" helps us get to know someone's personality, background, special talents, and more.

In this spirit, the admissions committee also wants to get to know you—beyond the professional and academic achievements listed in your resume and transcript. You can share with us important life experiences, your likes/dislikes, hobbies, achievements, fun facts, or anything that helps us understand what makes you who you are. Share with us your list of "25 Random Things" about YOU.

Second required essay: The Fuqua community and you

Instructions: Your response should be no more than two pages in length.

Fuqua prides itself on cultivating a culture of engagement. Our students enjoy a wide range of student-led organizations that provide opportunities for leadership development and personal fulfillment, as well as an outlet for contributing to society. Our student-led government, clubs, centers, and events are an integral part of the student culture and are vital to providing you with a range of experiential learning and individual development experiences.

Based on your understanding of the Fuqua culture, how do you see yourself engaging in and contributing to our community outside of the classroom?

Optional essay: Tell us more

If you feel there are circumstances of which the admissions committee should be aware (such as unexplained gaps in work, choice of recommenders, inconsistent or questionable academic performance), please explain them in an optional essay.

Please do not upload additional essays or additional recommendations in this area of the application, and limit your response to one page.

| *Finnguil Williams* 컨설팅의 합격조언

무엇보다 에세이가 까다롭다는 것이 눈에 들어온다. 워낙 많은 에세이를 작성할 것을 요구하기 때문에 시간을 충분히 두고 에세이 작성을 시작하는 것을 권한다. 또한 다른 학교와 겹치는 에세이 주제를 잘 고려해 작성해야 할 에세이 수를 최대한 줄여 보는 것도 좋은 전략이 될 수 있겠다.

토플 성적 제출의무가 없기 때문에 인터뷰에서 유창한 영어 구사를 보여줄 필요가 있다. 다른 상위권 MBA와 마찬가지로 꾸준한 시간을 두고 영어 말하기 연습을 해야 한다. 최상위권 MBA를 지원하는 지원자나 그 보다 눈을 아주 조금 낮춘 지원자 모두 이 학교를 지원하는 경향이 있기 때문에 경쟁이 대단히 치열하다는 점을 참고할 필요가 있겠다.

Credit: Public Domain

Emory University (Goizueta)
에모리 대학교 - 고이스웨타 경영대

운영형태	사립	경영대 설립	1919년
위치	조지아 주, 애틀랜타 시	학비	연 $69,000
캠퍼스 환경	대도시 근교	생활비	연 $28,000

| 합격 난이도

7

| 주요 기관 평가 *U.S. News* + *Forbes* + 기타

8

| 비슷한 명성과 수준의 **MBA** 프로그램

USC-마샬 (Marshall),

워싱턴-올린 (Washington University in St. Louis, Olin)

- 남부 최고 수준의 학교가 운영하는 MBA 프로그램

 : 학교가 위치한 조지아 주를 넘어 남부 전체에 폭넓은 인지도를 보유하고 있다.

- 우수한 회계학 커리큘럼

- 사립대 중에서는 비교적 합리적인 학비
- 대도시인 애틀란타가 가져다주는 이점
  : 편의시설이 학교에서 멀지 않고, 거대 한인타운이 근처에 있어 편리한 유학생활을 즐길 수 있다.
- 조용하고 분위기 있는 캠퍼스

- 한국에서 아직은 높지 않은 프로그램 인지도
- 오랜 역사에 비해 다소 약해 보이는 동문 영향력
- 학부, 대학원 막론하고 너무 흔한 한국인 유학생
  : 캠퍼스 내에서 한국말 듣는 게 정말 어렵지 않다.

Credit: FW

지원시기

지원 라운드	원서제출 데드라인	합격자 발표
1 라운드	10월 4일	12월 20일
2 라운드	11월 15일	4월 20일
3 라운드	1월 10일	4월 20일
4 라운드	3월 13일	5월 15일

· 지원 시기는 2019-20년 지원시기 기준이다.
· 매년 다소간의 변동이 발생할 수 있다.

제출시험

TEST 종류	제출 사항	권장점수
GMAT & GRE	GMAT 과 GRE 모두 제출가능	GMAT +680
TOEFL & IELTS	TOEFL 미니멈 100 IELTS 미니멈 7	TOEFL +100

· 시험정보는 2019-20년 지원시기 기준이다.
· 매년 다소간의 변동이 발생할 수 있다.
· GMAT의 경우 대부분의 프로그램이 미니멈을 두지 않는다. GMAT과 TOEFL 권장점수는 펀길윌리엄스가 그 동안의 한국인 지원자들의 점수를 토대로 제시한 것으로 지원자 별로 변동이 있을 수 있다.

Credit: FW

| 지원 에세이 정보

1. POST-MBA CAREER GOALS

Define your short-term post-MBA career goals. How are your professional strengths, past experience, and personal attributes aligned with these goals? (300 word limit)

2. LEADERSHIP IN BUSINESS

The business school is named for Roberto C. Goizueta, former Chairman and CEO of The Coca-Cola Company, who led the organization for 16 years, extending its global reach, quadrupling consumption, building brand responsibility, and creating unprecedented shareholder wealth. Roberto Goizueta's core values guide us in educating Principled Leaders for Global Enterprise. Provide an example of your leadership and explain what you learned about yourself through the experience. (300 word limit)

3. VIDEO ESSAY

Within the application, you will be provided with a question to answer. You will have 30 seconds to gather your thoughts and prepare your answer. You will then have up to 60 seconds to respond to the question. You will be permitted 3 attempts to record your video essay, however each opportunity could present a different question.

ADDITIONAL INFORMATION

Should you feel there is an important part of your story missing from your application (e.g., unexplained gaps in work experience, choice of recommenders, academic probation issues), please use this section to provide a brief explanation. We ask that you limit your response to 100 words; responses in bullet point format are preferred.

Credit: FW

Credit: FW

▍*Finnguil Williams* 컨설팅의 합격조언

　역시 에세이, 그 중에서도 비디오 에세이 등을 얼마나 잘 준비하느냐가 중요한 문제로 대두된다. 비록 1분 안에 진행되는 비디오 에세이 답변이지만 지원자의 영어 말하기 능력이 가감없이 드러나기 때문에 유창한 영어를 구사하지 못하는 한국인 지원자의 경우에는 부담스러운 고비이다. 다른 학교의 비디오 에세이도 마찬가지이지만 가능하면 몇 달의 시간을 두고 발음, 제스쳐 등을 충분히 연습한 후에 비디오 녹화를 하는 것이 중요하다. 자연스럽지 못한 영어 발음은 꼭 수정하고 시험에 임해야 한다.

Georgetown University (McDonough)
조지타운 대학교 – 맥도너 경영대

운영형태	사립	경영대 설립	1957년
위치	워싱턴 D.C.	학비	연 $64,000
캠퍼스 환경	대도시	생활비	연 $33,000

| 합격 난이도

7

| 주요 기관 평가 *U.S. News* + *Forbes* + 기타

8

| 비슷한 명성과 수준의 *MBA* 프로그램

> 듀크–푸쿠아 Duke(Fuqua),
> 카네기 맬론–테퍼 Carnegie Mellon(Tepper)

- 미국의 수도 워싱턴 D.C. 최고의 명문대 MBA

 : 미국의 문화적, 정치적 유산들에 대해 크게 배울 수 있는 귀족적인 학교이다.

- 높은 대중적 인지도

: 미국에서는 확고하고, 한국에서도 최근 인지도가 크게 올랐다.
- 사립 중에서는 상당히 합리적인 학비
: 다른 사립 명문 MBA 중에서 확실히 학비가 싸다.

- 다소 협소한 캠퍼스
- 학교의 명성에 비해 다소 낮은 MBA에 대한 매체의 평가
- 특별한 강점이 보이지 않는 커리큘럼
: 좋게 말하면 균형이 잘 잡혀있고, 나쁘게 말하면 특별한 강점이 잘 보이지 않는다.

Credit: Public Domain

지원시기

지원 라운드	원서제출 데드라인	합격자 발표
1 라운드	9월 30일	12월 13일
2 라운드	1월 6일	3월 19일
3 라운드	3월 24일	5월 1일
4 라운드	4월 27일	5월 27일

- 지원 시기는 2019-20년 지원시기 기준이다.
- 매년 다소간의 변동이 발생할 수 있다.

제출시험

TEST 종류	제출 사항	권장점수
GMAT & GRE	GMAT 과 GRE 모두 제출가능	GMAT +690
TOEFL & IELTS	TOEFL 미니멈 100 IELTS 미니멈 7	TOEFL +105

- 시험정보는 2019-20년 지원시기 기준이다.
- 매년 다소간의 변동이 발생할 수 있다.
- GMAT의 경우 대부분의 프로그램이 미니멈을 두지 않는다. GMAT과 TOEFL 권장점수는 핀길윌리엄스가 그 동안의 한국인 지원자들의 점수를 토대로 제시한 것으로 지원자 별로 변동이 있을 수 있다.

Credit: Public Domain

조지타운 대학교 - 맥도너 경영대

지원 에세이 정보

Please select one of the following three essays to complete in 500 words or less and include the essay prompt and your first/last name at the top of your submission.

•*Essay Option One:*

It can be said that life begins outside your comfort zone. Describe a situation when you were asked to lead outside of your comfort zone. What leadership characteristics did you exemplify in this situation that allowed you to succeed?

•*Essay Option Two:*

"Failure is not something to be ashamed of, it's something to be POWERED by. Failure is the high-octane fuel your life can run on. You've got to learn to make failure your fuel."
-Abby Wambach.

Describe a situation when failure has been your fuel. What was your failure (or when did you not succeed to your full potential), and how did you use this as motivation to move forward and be successful in a future situation?

•*Essay Option Three:*

Think of the business leader or role model you admire or aspire to be. What are the defining characteristics of their personal brand that you see in yourself, why would you highlight those qualities, and how will those characteristics enrich the community at McDonough?

•*Video Essay:*

We ask that you introduce yourself to your cohort in one minute or less. The Admissions Committee would like for you to appear in person during part of your video, and we strongly encourage you to speak outside of the experiences we can read on your resume. Use this video as an opportunity to bring life to your application. For more instructions, view our Video Essay Guide. ◦You may use your phone, computer, or other means to record the video, but please ensure all audio and visual components are clear. We recommend a well-lit room and minimal noise distraction.

Note:
◦Upload your video to an accessible website (such as Youtube, Vimeo, Youku, or Tudou), and submit the direct video URL into your online application.
◦ Please note that all videos must remain active and accessible to the admissions committee online for a minimum of

five years for record retention purposes.

◦For your privacy: Do not include your name in the title of your video. You may submit "unlisted" videos via Youtube or password protected videos through Vimeo. If using a password, please include immediately after your link in the text box below. [Ex: www.youtube.com/123, password: Hoyas]

•*Optional Essay:*

Please provide any information you would like to add to your application that you have not otherwise included. (500 words or fewer)

•*Re-Applicant Essay:*

Required for re-applicants. How have you strengthened your candidacy since your last application? We are particularly interested in hearing about how you have grown professionally and personally. (500 words or fewer)

Finnguil Williams 컨설팅의 합격조언

합격에 가장 큰 걸림돌은 다소 높은 GMAT 점수와 에세이가 될 것이다. 특히 비디오 에세이를 요구하고 있기 때문에 영어로 말하는 것에 익숙치 않은 지원자들에게는 상당한 부담으로 다가온다. 이를 극복하기 위해서는 유튜브 등에 올라있는 온라인 영상들을 통해 미국식으로 유창하게 말하는 법을 익히고, 시간을 충분히 들여 연습을 한 후에 영상을 촬영해야 할 것이다. 비디오 에세이 이외의 에세이는 특별한 요구사항은 없지만 그 길이가 짧지는 않기 때문에 이 역시 미리미리 준비할 필요가 있다.

Credit: Public Domain

Credit: Public Domain

George Washington University
조지 워싱턴 대학교

운영형태	사립	경영대 설립	1928년
위치	워싱턴 D.C.	학비	연 $59,000
캠퍼스 환경	대도시	생활비	연 $31,000

| 합격 난이도

5

| 주요 기관 평가 *U.S. News* + *Forbes* + 기타

5

| 비슷한 명성과 수준의 MBA 프로그램

노스이스턴Northeastern, UC 어바인–머라지 UC Irvine (Merage)

- 미국의 수도 워싱턴 D.C. 다운타운에 위치한 캠퍼스

  : 백악관과 IMF에서 도보거리에 있는 곳으로 미국의 심장이라 할만하다. 링컨 기념관에서도 매우 가까운 위치로 편리성과 풍경의 아름다움을 모두 느낄 수 있는 위치이다.

- 한국에도 낯설지 않은 상승중인 인지도와 여러 유명 동문들

: 특히 경영대 동문으로 삼성 그룹의 이건희 회장이 유명하다. 미국인 동문 중에는 전 국무장관 콜린 파월 Colin Powell을 들 수 있다.

- 국제적으로도 넓은 편에 속하는 인지도
: 학교의 위치가 반영된 것으로 생각된다.

- 전반적으로 답보상태의 각종 매체 순위
: 탑50위 안에 충분히 드는 수준의 학교임에도 각종 매체의 평가는 엇갈리는 편이다.
- 담장없이 오픈 되어 있는 캠퍼스 환경
: 관광객들과 학생들이 섞여 돌아다니는 경향이 있어 어수선한 편이다.

Credit: FW

지원시기

지원 라운드	원서제출 데드라인	합격자 발표
1 라운드	1월 15일	-
2 라운드	4월 1일	-
3 라운드	5월 15일	-

· 지원 시기는 2019-20년 지원시기 기준이다.
· 매년 다소간의 변동이 발생할 수 있다.

제출시험

TEST 종류	제출 사항	권장점수
GMAT & GRE	GMAT 과 GRE 모두 제출가능	GMAT +620
TOEFL & IELTS	TOEFL 미니멈 80 IELTS 미니멈 6 (각 섹션 5.5 이상)	TOEFL +80

· 시험정보는 2019-20년 지원시기 기준이다.
· 매년 다소간의 변동이 발생할 수 있다.
· GMAT의 경우 대부분의 프로그램이 미니멈을 두지 않는다. GMAT과 TOEFL 권장점수는 핀길윌리엄스가 그 동안의 한국인 지원자들의 점수를 토대로 제시한 것으로 지원자 별로 변동이 있을 수 있다.

지원 에세이 정보

Prompt

In no more than 500 words, tell us why studying at the GW School of Business (GWSB) is the program best suited for you and your academic interests, and explain how you will leverage both your past professional career and future academic experience at GW to achieve your post-MBA aspirations.

Re-Applicant Essay

This essay is required only for re-applicants and must be no longer than 500 words. Please describe any actions you have taken to strengthen your candidacy since your last application. Focus on any steps you have taken toward professional and personal growth.

Credit: FW

Finnguil Williams 컨설팅의 합격조언

합격에 큰 걸림돌은 없다. 충실히 기본 조건을 만족시킨 지원자라면 합격을 기대해 볼 만하다. 에세이 역시 크게 복잡하거나 난이도가 높은 것은 아님으로 시간을 충분히 가지고 준비한다면 큰 어려움은 없을 듯하다.

Credit: FW

Georgia Tech (Scheller)
조지아 공과대학교 – 쉘러 경영대

운영형태	주립	경영대 설립	1912년
위치	조지아 주, 애틀랜타 시	학비	연 $42,000
캠퍼스 환경	대도시	생활비	연 $24,000

합격 난이도

7

주요 기관 평가 U.S. News + Forbes + 기타

7

비슷한 명성과 수준의 MBA 프로그램

밴더빌트–오웬(Owen),
미네소타–칼슨(Carlson), 노터데임–맨도자(Mendoza)

- 하이테크와 비즈니스를 연계한 커리큘럼을 운영하는 학교의 차별화된 위상

  : 조지아텍은 엔지니어링 분야에서 최고의 명성을 자랑함으로 관련 분야 지원자들은 꼭 지원해야 할 학교이다.

- 애틀랜타 시내에 자리한 캠퍼스

  : 경영대는 본교캠퍼스와는 살짝 떨어져 코카콜라 본사 등 큰 기업들이 자리한 애틀랜타 시내 테크놀로지 스퀘어$^{Technology}_{Square}$에 자리하고 있다. 이런 캠퍼스의 위치는 너무도 당연하게 인턴쉽이나 시장 정보라는 측면에서 크게 유리하다.

- 놀라운 정도로 합리적인 학비

  : 주립임을 감안해도 상당히 합리적이다.

- 남부의 중심도시인 애틀랜타에 자리한 학교

  : 미국 남부의 전통과 문화의 중심도시인 애틀랜타가 주는 편리성을 두루 누릴 수 있다. 근처 큰 한인타운도 머지않다.

Credit: FW

- 경영학 자체로는 상대적으로 덜 알려진 명성

 : 일반적인 의미에서의 경영학 전공자들보다는 공학이나 하이테크 관련자에게 더 적합하다.

- 한국 유학생들이 상대적으로 덜 선호하는 애틀랜타 지역

 : 실제 가보면 상당히 좋은 도시임에도 이 점은 안타깝다.

Credit: FW

지원시기

지원 라운드	원서제출 데드라인	합격자 발표
1 라운드	10월 1일	11월 22일
2 라운드	12월 2일	1월 31일
3 라운드	2월 3일	3월 20일
4 라운드	4월 1일	5월 15일
5 라운드	6월 1일	롤링 (주로 지원 2주후)

· 지원 시기는 2019-20년 지원시기 기준이다.
· 매년 다소간의 변동이 발생할 수 있다.

제출시험

TEST 종류	제출 사항	권장점수
GMAT & GRE	GMAT 과 GRE 모두 제출가능	GMAT +670
TOEFL & IELTS	TOEFL 미니멈 95 IELTS 미니멈 7	TOEFL +100

· 시험정보는 2019-20년 지원시기 기준이다.
· 매년 다소간의 변동이 발생할 수 있다.
· GMAT의 경우 대부분의 프로그램이 미니멈을 두지 않는다. GMAT과 TOEFL 권장점수는 핀길윌리엄스가 그 동안의 한국인 지원자들의 점수를 토대로 제시한 것으로 지원자 별로 변동이 있을 수 있다.

지원 에세이 정보

• *Why an MBA and why Georgia Tech? (Required)*

Describe how your experiences, both professional and personal, have led you to the decision to pursue an MBA at

Georgia Tech. Discuss your short- and long-term career goals and how Georgia Tech is best suited to help you achieve your goals.

-4,000 character maximum (including spaces).

• ***Ten facts (Required)***

List 10 facts about yourself that will help your future classmates get to know you.

-1,000 character maximum (including spaces).

• ***Optional Essay***

The Admissions Committee believes that the required essays address issues that help us learn about you and understand your candidacy for the MBA program; however, you may provide us with any additional information pertinent to your admission that has not been previously covered in the rest of the application. Feel free to discuss any unique aspects of your candidacy or any perceived weaknesses.

-4,000 character maximum (including spaces).

Finnguil Williams 컨설팅의 합격조언

지원에 아주 특별히 까다로운 요건은 없다. 다만 하이테크나 엔지니어링 관련 분야에 일했던 지원자들의 경우, 자신의 경력을 에세이에 확실하게 담아낼 수 있도록 노력할 필요는 있다. 공대가 중심인 학교의 특성상 이들 분야에서 확실한 실적이 있는 지원자들을 훨씬 더 선호하는 성향이 있기 때문이다.

Credit: FW

Credit: FW

Harvard University
하버드 대학교

운영형태 사립
위치 매사추세츠 주, 보스턴 시(케임브리지)
캠퍼스 환경 대도시
경영대 설립 1908년
학비 연 $75,000
생활비 연 $32,000

합격 난이도

10

주요 기관 평가 *U.S. News* + *Forbes* + 기타

10

비슷한 명성과 수준의 *MBA* 프로그램

스탠포드 Stanford, 유펜 UPenn(와튼Wharton), MIT (슬로안Sloan)

- 세계에서 가장 유명한 MBA 프로그램
  : 하버드에서 학위를 받을 수 있다는 것만으로도 이미 모든 지원자의 목표가 된다.
- 하버드가 발전시킨 리더쉽 관련 커리큘럼
  : 하버드 MBA를 대표하는 특징이다.

Credit: Public Domain

- 세계적인 투자자 및 경영자 동문들
: 세계적인 CEO들 뿐만 아니라 미국 43대 대통령이었던 조지 W. 부시[George W. Bush: 1945~]도 하버드 MBA 동문이다.
- 미국 역사와 전통의 중심지 보스턴
: 경영학은 물론 인문학적인 소양도 크게 키우고 시야를 확장시키는데 큰 도움이 될 것이다.

- 엄청나게 들어가기 힘든 경쟁률
: 한국인 지원자 중에서도 최고의 지원자만 극소수 합격할 수 있다.
- 비싼 학비
: 1년에 1억을 훌쩍 넘는 비용을 각오해야 한다.

Credit: Public Domain

| 지원시기

지원 라운드	원서제출 데드라인	합격자 발표
1 라운드	9월 4일	12월 10일
2 라운드	1월 6일	3월 31일
2+2 라운드	6월 1일	7월 28일

- 지원 시기는 2019-20년 지원시기 기준이다.
- 매년 다소간의 변동이 발생할 수 있다.

제출시험

TEST 종류	제출 사항	권장점수
GMAT & GRE	GMAT 과 GRE 모두 제출가능	GMAT +730
TOEFL & IELTS	TOEFL 109 이상 추천 IELTS 7.7이상 추천	TOEFL +115

- 시험정보는 2019-20년 지원시기 기준이다.
- 매년 다소간의 변동이 발생할 수 있다.
- GMAT의 경우 대부분의 프로그램이 미니멈을 두지 않는다. GMAT과 TOEFL 권장점수는 펀킬윌리엄스가 그 동안의 한국인 지원자들의 점수를 토대로 제시한 것으로 지원자 별로 변동이 있을 수 있다.

Credit: Public Domain

지원 에세이 정보

As we review your application, what more would you like us to know as we consider your candidacy for the Harvard Business School MBA program?

- 분량제한 없음. 적절하고 간결한 수준에서 권장.

Joint program applicants for the Harvard Medical School, Harvard School of Dental Medicine, Harvard Law School, and Harvard Kennedy School must provide an additional essay:

How do you expect the joint degree experience to benefit you on both a professional and a personal level? (400 words)

Credit: Public Domain

Finnguil Williams 컨설팅의 합격조언

아마 대부분의 MBA 지원자가 바로 이 하버드 MBA에 합격하고 싶을 것이다. 하지만 굳건한 목표가 있는 지원자에게도, 우수한 실력을 가지고 좋은 스펫을 보유한 지원자에게도 전혀 합격을 보장할 수 없는 프로그램이 바로 하버드 MBA이다. 학교 측에서도 5년 이하의 커리어를 보유하지 않는 지원자는 잘 뽑지 않는다고 노골적으로 밝힐 정도로 모든 것이 완벽해야 한다. 준비가 부족한 지원자라면 약점을 모두 채울 때까지 커리어이든 시험 점수이든 준비를 더 하라고 권하고 싶다.

지원 에세이의 경우에는 창의적인 접근이 가능하도록 주제도 정해진 것이 없고, 분량도 제한이 없다. 주제의 경우에는 커리어와 개인적인 경험이 함께 녹아들어있는 에세이를 준비하는 것이 유리할 것이다. 분량의 경우에는 1,000자를 넘지 않는 것이 읽는 사람을 지루하지 않게 하는 적절한 분량이 될 것이다. 인터뷰의 경우에도 다소 비상식적인 질문이 들어올 수 있으니 다양한 각도에서 예상 질문을 준비해야 할 것이다.

Credit: Public Domain

Indiana University (Kelley)
인디애나 대학교 - 켈리 경영대

운영형태	주립	경영대 설립	1920년
위치	인디애나 주, 블루밍턴 시	학비	연 $55,000
캠퍼스 환경	소도시	생활비	연 $25,000

| 합격 난이도

6

| 주요 기관 평가 *U.S. News* + *Forbes* + 기타

7

| 비슷한 명성과 수준의 *MBA* 프로그램

보스턴-퀘스트롬 Boston(Questrom),
라이스-존스 Rice(Jones), 밴더빌트-오웬 Vanderbilt(Owen)

- 전국적으로 명성이 높은 경영대
- 미국 MBA 중에서 굉장히 합리적인 학비
- 뛰어난 마케팅 관련 커리큘럼

- 한적한 곳에 위치한 캠퍼스

  : MBA 프로그램으로서는 약점이다. 하지만 가까운 대도시인 인디애나의 주도 인디애나폴리스에 IUPUI 캠퍼스를 이중캠퍼스의 형태로 이용하고 있어서 이 약점을 상쇄하고 있다.

- 학부에 비해 다소 약한 대학원 명성

  : 켈리 경영대 학부는 미국 탑10 수준의 학부로 유명하지만, 아쉽게도 대학원은 이보다는 약하다. 하지만 여전히 탑20~30위 정도의 위상을 자랑한다.

Credit: Durin

지원시기

지원 라운드	원서제출 데드라인	합격자 발표
1 라운드	10월 15일	12월 20일
2 라운드	1월 5일	3월 15일
3 라운드	3월 1일	4월 30일
4 라운드	4월 15일	5월 31일

· 지원 시기는 2019-20년 지원시기 기준이다.
· 매년 다소간의 변동이 발생할 수 있다.

제출시험

TEST 종류	제출 사항	권장점수
GMAT & GRE	GMAT 과 GRE 모두 제출가능	GMAT +670
TOEFL & IELTS	TOEFL 미니멈 100 IELTS 미니멈 7	TOEFL +100

· 시험정보는 2019-20년 지원시기 기준이다.
· 매년 다소간의 변동이 발생할 수 있다.
· GMAT의 경우 대부분의 프로그램이 미니멈을 두지 않는다. GMAT과 TOEFL 권장점수는 핀길윌리엄스가 그 동안의 한국인 지원자들의 점수를 토대로 제시한 것으로 지원자 별로 변동이 있을 수 있다.

지원 에세이 정보

특별한 제약 없이 **1) *communication skills*, 2) *leadership experience*, 3) *career goals*** 를 알 수 있는 에세이를 작성할 것을 요구하고 있다.

Credit: Wardsr

Finnguil Williams 컨설팅의 합격조언

특별히 까다로운 지원조건들을 제시하고 있지는 않다. GMAT 점수가 가장 큰 걸림돌이라고 할 수 있을 것이다. GMAT 점수가 충분하고 다른 조건들을 잘 구비한 지원자라면 충분히 도전해 볼만한 좋은 프로그램이라고 할 수 있다.

Michigan State University (Broad)
미시건 주립 대학교 - 브로드 경영대

운영형태	주립	경영대 설립	1953년
위치	미시건 주, 이스트랜싱	학비	연 $54,000
캠퍼스 환경	캠퍼스 타운	생활비	연 $27,000

▌합격 난이도
6

▌주요 기관 평가 *U.S. News* + *Forbes* + 기타
6

▌비슷한 명성과 수준의 *MBA* 프로그램

펜스테이스-스밀(Smeal),

텍사스A&M-메이스(Mays), 퍼듀-크래너트(Krannert)

- 비싸지 않은 학비
- 건실한 커리큘럼
- 아름다운 캠퍼스

- 학교의 명성보다는 까다로운 합격요건들
- 한국에서 높지 않은 인지도

Credit: Jeffness

지원시기

지원 라운드	원서제출 데드라인	합격자 발표
얼리	10월 6일	11월 22일
1 라운드	11월 10일	1월 10일
2 라운드	1월 5일	3월 13일
3 라운드	3월 1일	4월 17일
4 라운드	4월 5일	5월 22일

- 지원 시기는 2019-20년 지원시기 기준이다.
- 매년 다소간의 변동이 발생할 수 있다.

제출시험

TEST 종류	제출 사항	권장점수
GMAT & GRE	GMAT 과 GRE 모두 제출가능	GMAT +660
TOEFL & IELTS	TOEFL 미니멈 100 IELTS 미니멈 7	TOEFL +110

- 시험정보는 2019-20년 지원시기 기준이다.
- 매년 다소간의 변동이 발생할 수 있다.
- GMAT의 경우 대부분의 프로그램이 미니멈을 두지 않는다. GMAT과 TOEFL 권장점수는 핀길윌리엄스가 그 동안의 한국인 지원자들의 점수를 토대로 제시한 것으로 지원자 별로 변동이 있을 수 있다.

지원 에세이 정보

Essay A – Written Essay (Required)

Tell us why Michigan State University's MBA program should admit you, in 350 words or fewer.

Essay B – Written Essay (Optional)

What other information do you believe is necessary in the assessment of your candidacy to the Broad MBA?

Please answer this question in 350 words or fewer if you feel your application for admission does not adequately represent you. If you are requesting an English proficiency test waiver, please use this essay to explain in 350 words or less why you should receive this waiver.

Video Essay (Required)

The video essay provides an applicant the ability to demonstrate in their own words who they are and what they bring to the Broad MBA program. In addition, the video essay is an interactive way to complete an essay in a relatively short period of time. Each applicant will complete a short video essay question with two minutes to respond to each question. Please use the STAR interview response format when responding to the questions.

Notes:
- Once the question is asked, there will be a five-second delay to respond. The question will appear on the screen for reference.
- The question response does not need to take the entire two

minutes. If you have time remaining once complete, click on the "stop recording" button to end the recording.
• Please be concise with your response. The recording will automatically stop after two minutes.
• There will be an option to re-record your response once.
• We estimate the video essays will take 20-25 minutes to complete – which includes time for set-up and answering all the questions.
• And finally, remember to dress professionally, sit in a well-lit area, look at the camera, relax and be yourself.

| *Finnguil Williams* 컨설팅의 합격조언

준비해야 할 것들이 다소 많다. GMAT 성적이나 토플이 생각보다 높다는 인상을 받았을 것이다. 그만큼 까다롭게 학생을 선발한다는 뜻이다. 에세이는 특별히 까다롭지 않으나 비디오 에세이가 있다는 것은 확실히 부담스러운 부분이다. 비디오 에세이의 전체 분량은 2분 가량으로 이 역시 긴 편이다. 따라서 비디오 에세이가 상당히 중요한 비중을 차지할 것이라는 것을 어렵지 않게 짐작할 수 있다.

Credit: Paul R. Burley

MIT (*Sloan*)
매사추세츠 공과대학교 - 슬로안 경영대

운영형태　사립	경영대 설립　1914년
위치　매사추세츠 주, 보스턴 시(케임브리지)	학비　연 $79,000
캠퍼스 환경　대도시	생활비　연 $29,000

합격 난이도

주요 기관 평가 *U.S. News* + *Forbes* + 기타

비슷한 명성과 수준의 **MBA** 프로그램

하버드Harvard, 유펜UPenn(와튼Wharton), MIT(슬로안Sloan)

- IT 분야 지원자에게는 가장 매력적인 학교

  : 경영과 기술적 혁신을 접목시키는 커리큘럼이 가장 잘 갖추어진 학교이다. 비록 실리콘밸리에서 멀리 떨어진 동부라고 해도 MIT라면 관련분야 지원자에게 최고의 환경을 제공할 것

이다.

- 세계적인 수준의 MBA 프로그램

: 세계 모든 저명 저널의 랭킹 평가에서 다섯 손가락 안에 드는 경우가 많다. 명실상부 최고의 프로그램 중 하나이다.

- 미국 역사와 문화의 중심, 보스턴

: 캠퍼스 밖에서도 문화적 학습을 통해 배우는 것이 굉장히 많을 것이고, 앞으로의 커리어에도 큰 자산이 될 것이다.

- 한국에서는 상대적으로 덜 알려진 MBA

: 하버드나 스탠포드 등의 학교에 비해서는 선호도가 약간 떨어질 수 있다. 하지만 합격은 이들 학교와 다를 것 없이 매우 어렵다.

- 상대적으로 약한 비 공학분야의 포커스

: 학교 특성상 IT와 공학계열 외의 지원자는 덜 선호할 수 있는 캠퍼스 분위기가 있다.

- 비싼 학비와 생활비

: 미국 전체의 MBA 프로그램 중에서도 가장 비싼 편에 속한다.

- 어려운 합격

: 워낙 좋은 프로그램이기 때문에 합격이 매우 까다롭다.

지원시기

지원 라운드	원서제출 데드라인	합격자 발표
1 라운드	10월 1일	12월 18일
2 라운드	1월 21일	3월 31일
3 라운드	4월 9일	5월 7일

· 지원 시기는 2019-20년 지원시기 기준이다.
· 매년 다소간의 변동이 발생할 수 있다.

제출시험

TEST 종류	제출 사항	권장점수
GMAT & GRE	GMAT 과 GRE 모두 제출가능	GMAT +730
TOEFL & IELTS	제출의무 없음	-

· 시험정보는 2019-20년 지원시기 기준이다.
· 매년 다소간의 변동이 발생할 수 있다.
· GMAT의 경우 대부분의 프로그램이 미니멈을 두지 않는다. GMAT과 TOEFL 권장점수는 핀길윌리엄스가 그 동안의 한국인 지원자들의 점수를 토대로 제시한 것으로 지원자 별로 변동이 있을 수 있다.

지원 에세이 정보

1) 커버레터의 형식으로 제출하기를 원한다. 아래가 그 지시사항이다.

MIT Sloan seeks students whose personal characteristics demonstrate that they will make the most of the incredible opportunities at MIT, both academic and non-academic. We are on a quest to find those whose presence will enhance the experience of other students. We seek thoughtful leaders

Credit: Public Domain

with exceptional intellectual abilities and the drive and determination to put their stamp on the world. We welcome people who are independent, authentic, and fearlessly creative — true doers. We want people who can redefine solutions to conventional problems, and strive to preempt unconventional dilemmas with cutting-edge ideas. We demand integrity and respect passion.

Taking the above into consideration, please submit a cover letter seeking a place in the MIT Sloan MBA Program. Your letter should conform to a standard business correspondence, include one or more examples that illustrate why you meet the desired criteria above, and be addressed to the Assistant Deans of Admissions, Rod Garcia and Dawna Levenson (300 words or fewer, excluding address and salutation).

2) 비디오 에세이를 제출하기를 원한다. 1분 이내의 길이로 제출해야 한다.

Please take a minute to introduce yourself to your future classmates via video. Include a bit on your past experience and why MIT Sloan is the best place for you to pursue your MBA. Videos should be a single take (no editing) lasting no more than one minute and consisting of you speaking directly to the camera. We recommend using an application such as QuickTime or iMovie to record yourself.

Upload the video file according to the detailed instructions within the application. We support the following file formats: .avi, .flv, .m1v, .m2v, .m4v, .mkv, .mov, .mpeg, .mpg, .mp4, .webm, .wmv

Should you experience difficulties uploading your file, please ensure that you're using a modern web browser (Chrome, Firefox, or Safari) on the fastest wired internet connection available. An intermittent or slow internet connection can cause uploads to timeout.

Credit: Public Domain

Finnguil Williams 컨설팅의 합격조언

지원 서류 중에서 TOEFL이 없기 때문에 지원자의 영어 능력을 따로 살필 수 있는 기회가 인터뷰 밖에 없다는 점에 주목해야 한다. MIT는 전통적으로 지원자의 독창적인 사고력을 중요시했기 때문에 이와 관련된 인터뷰 질문 준비는 물론이고 영어 자체가 유창하고 우수해야 함을 명심해야 할 것이다. 따라서 애초에 유창한 영어 능력이 부족한 지원자는 합격이 쉽지 않은데, 이를 상쇄하려면 아주 독특하고 우수한 커리어가 제시되어야 한다. 즉, Sloan이 거부하기 어려울 정도로 우수한 지원자여야 한다는 것이다.

에세이 역시 글로 쓰는 것이 아니라 비디오로 녹화해서 업로드해야 하기 때문에 영어구사 능력이 매우 뛰어나야 한다. 따라서 슬로안 지원자라면 영어로 자신을 소개하는 비디오 클립을 온라인에서 많이 보고 훈련하는 준비를 꾸준히 해야 한다. 이후에는 인터뷰 단계에 이르게 된다면, 여기서도 유창한 영어 능력을 많이 점검할 것이다. 이 단계에서는 위에서 언급한 것처럼 더 심층적인 분석과 준비가 필요할 것이다.

Credit: Public Domain

Northwestern (Kellogg)
노스웨스턴 대학교 - 켈로그 경영대

운영형태   사립
위치   일리노이 주, 시카고 시 근처
캠퍼스 환경   대도시 근교
경영대 설립   1908년
학비   연 $75,000
생활비   연 $29,000

합격 난이도

9

주요 기관 평가 U.S. News + Forbes + 기타

9

비슷한 명성과 수준의 MBA 프로그램

뉴욕대 NYU (Stern), 듀크 Duke, 컬럼비아 Columbia

- 우수한 컨설팅과 금융 분야 그리고 마케팅 관련 커리큘럼과 동문들

  : 관련 분야에서 미국에서 가장 권위 있는 학교 중 하나이다.

- 시카고 대학교 부스 경영대와 함께 중부에서 가장 우수한

MBA
- 한국에서도 나날이 상승하고 있는 켈로그의 인지도
- 미국 오대호 지역의 경제·문화 중심지인 시카고와 연결되어 있는 네트워크
 : 인턴쉽과 정보 교류 및 체험에 있어 최적의 조건을 갖추고 있다.

Credit: Public Domain

- 아직까지는 다소 아쉬운 한국 내 인지도
 : 앞으로 계속 상승할 것으로 예상된다.
- 비싼 학비와 생활비
 : 미국에서도 최상위 급으로 비싼 편이다.

- 까다로운 합격

: 한국에 상대적으로 덜 알려져 있다는 것 때문에 무작정 지원 했다가 떨어진 한국인 불합격자가 유독 많다.

지원시기

지원 라운드	원서제출 데드라인	합격자 발표
1 라운드	9월 18일	12월 11일
2 라운드	1월 8일	3월 25일
3 라운드	4월 8일	5월 13일

· 지원 시기는 2019-20년 지원시기 기준이다.
· 매년 다소간의 변동이 발생할 수 있다.

제출시험

TEST 종류	제출 사항	권장점수
GMAT & GRE	GMAT 과 GRE 모두 제출가능	GMAT +730
TOEFL & IELTS	TOEFL 미니멈 없음 IELTS 미니멈 없음	TOEFL +110

· 시험정보는 2019-20년 지원시기 기준이다.
· 매년 다소간의 변동이 발생할 수 있다.
· GMAT의 경우 대부분의 프로그램이 미니멈을 두지 않는다. GMAT과 TOEFL 권장점수는 핀길윌리엄스가 그 동안의 한국인 지원자들의 점수를 토대로 제시한 것으로 지원자 별로 변동이 있을 수 있다.

Credit: Public Domain

지원 에세이 정보

The following two essays are required of all applicants:

1. Kellogg's purpose is to educate, equip and inspire brave leaders who create lasting value. Provide a recent example

where you have demonstrated leadership and created value. What challenges did you face and what did you learn? (450 words)

2. Values are what guide you in your life and work. What values are important to you and how have they influenced you? (450 words)

Certain applicants will respond to additional questions:

Reapplicants: Since your previous application, what steps have you taken to strengthen your candidacy? (250 words)

All applicants have the opportunity to provide explanations or clarification in Additional Information. Use this section if you think the person reviewing your application might have a few questions about one or more of your responses. This could include:
- Unexplained gaps in work experience
- Academic, GMAT or GRE performance
- Extenuating circumstances that we should be aware of when reviewing your application

Video Essays

- After submitting your application and payment, you will be able to access the video essay through your application status page. You will be asked to answer three questions:

◦Video essay 1: Please introduce yourself to the admissions committee.

Consider this your opportunity to share what you would want your future Kellogg classmates and our admissions committee to know about you. What makes you, you?

◦Video essay 2: What path are you interested in pursuing, how will you get there, and why is this program right for you?

This is an intentionally broad question so you can answer honestly and meaningfully. We want to know why you're pursuing an MBA and why you're choosing a particular Kellogg Full-Time Program.

◦Video essay 3: Each of you will receive a randomly selected prompt, all of which have the same objective. We want you to show us how you handled a challenging situation in your career or personal life. For example, we might ask you to tell us about a time you failed to achieve a goal you had set for yourself.

Finnguil Williams 컨설팅의 합격조언

위의 지원 사항을 훑어보면 알 수 있겠지만, 요구사항이 굉장히 많다. 에세이의 경우에는 특별한 질문은 아니지만 2~3개의 에세이를 작성해야 하기 때문에 다른 학교와 크게 다르지 않은 시간이 소요될 것이다. 비디오 에세이도 제출해야 한다. 이것이 아마 한국인 지원자들에게는 최대의 난관이 될 것이다. 각각의 질문에는 20초의 준비시간과 60초의 대답 녹화시간이 주어져 있다. 연습녹화도 가능하기 때문에 실제 시험에 들어가기에 앞서 여러번 연습할 기회도 주어진다. 다만 실제 시험은 한 번만 기회가 주어지고 재시험은 없다. 당연한 이야기지만, 글로 작성하는 에세이와 동일한 대답은 피해야 한다. 또한 노트를 적어놓고 앵무새처럼 읽으면 당연히 안 된다. 어드미션 커미티가 가장 싫어하는 타입이 자연스럽지 못한 답변이다. 자연스럽게 영어로 답변을 하는 것이 가장 중요하기 때문에 원서작성에 훨씬 앞서 미리 연습을 많이 해놓는 것이 좋다. 특히 카메라 앞에서도 자연스럽게 표정을 짓는 연습을 하는 것이 무척 중요하다.

Credit: Public Domain

New York University (*Stern*)
뉴욕 대학교 – 스턴 경영대

운영형태 사립	경영대 설립 1900년
위치 뉴욕 시, 맨해튼	학비 연 $76,000
캠퍼스 환경 대도시	생활비 연 $33,000

| 합격 난이도

| 주요 기관 평가 *U.S. News* + *Forbes* + 기타

| 비슷한 명성과 수준의 **MBA** 프로그램

다트머스–터크 Dartmouth College (Tuck),
UC 버클리–하스 UC Berkeley (Haas), 듀크–푸쿠아 Duke (Fuqua)

- 세계 경제의 중심지 뉴욕의 한복판에서 진행되는 MBA 프로그램

  : 스턴에 지원하는 이들이 꼽는 가장 중요한 이유가 될 것이다.

Credit: FW

- 최고의 금융 분야와 경영자 관련 MBA 커리큘럼
: 전 세계적으로도 최고 수준이다.
- 다양한 인턴쉽 환경과 세계경제의 흐름을 한 눈에 관찰할 수 있는 기회

- 비싼 학비와 생활비
: 모두 미국 최고 수준이다.
- 까다로운 합격
: NYU가 지닌 매력 때문에 미국 MBA 지원자라면 이 학교가 지원리스트에서 빠지는 사람이 거의 없을 정도이다. 따라서 경쟁이 굉장히 치열하다.
- 캠퍼스가 없는 어수선한 환경
: NYU는 캠퍼스가 없이 학교 건물이 맨해튼에 흩어져 있는 것으로 유명하다. 이 점에 대해 개의치 않는 지원자들에게는 큰 문제가 되지는 않을 것이다.

지원시기

지원 라운드	원서제출 데드라인	합격자 발표
1 라운드	10월 15일	1월 1일
2 라운드	11월 15일	2월 1일
3 라운드	1월 15일	4월 1일
4 라운드	3월 15일	6월 1일

· 지원 시기는 2019-20년 지원시기 기준이다.
· 매년 다소간의 변동이 발생할 수 있다.

제출시험

TEST 종류	제출 사항	권장점수
GMAT & GRE	GMAT 과 GRE 모두 제출가능	GMAT +710
TOEFL & IELTS	TOEFL 미니멈 없음 IELTS 미니멈 없음	TOEFL +107

· 시험정보는 2019-20년 지원시기 기준이다.
· 매년 다소간의 변동이 발생할 수 있다.
· GMAT의 경우 대부분의 프로그램이 미니멈을 두지 않는다. GMAT과 TOEFL 권장점수는 핀길윌리엄스가 그 동안의 한국인 지원자들의 점수를 토대로 제시한 것으로 지원자 별로 변동이 있을 수 있다.

지원 에세이 정보

Essay 1: Professional Aspirations

(500 word maximum, double-spaced, 12-point font)

•What are your short and long-term career goals?

•How will the MBA help you achieve them?

Essay 2: Personal Expression (a.k.a. "Pick Six")

Describe yourself to the Admissions Committee and to your future classmates using six images and corresponding captions. Your uploaded PDF should contain all of the following elements: •A brief introduction or overview of your "Pick Six" (no more than 3 sentences).

•Six images that help illustrate who you are.

•A one-sentence caption for each of the six images that helps explain why they were selected and are significant to you.

Note: Your visuals may include photos, infographics, drawings, or any other images that best describe you. Your document must be uploaded as a single PDF. The essay cannot be sent in physical form or be linked to a website.

Credit: FW

Essay 3: Additional Information (optional)
(250 word maximum, double-spaced, 12-point font)

Please provide any additional information that you would like to bring to the attention of the Admissions Committee. This may include current or past gaps in employment, further explanation of your undergraduate record or self-reported academic transcript(s), plans to retake the GMAT, GRE, IELTS or TOEFL, or any other relevant information.

| *Finnguil Williams* 컨설팅의 합격조언

다소 창의적으로 보이는 에세이 주제가 눈에 띈다. 이렇듯 특이한 에세이 주제를 주는 학교의 경우에는 다른 학교에 사용했던 자료를 그대로 이용할 수 없기 때문에 따로 시간을 들여야 한다는 문제가 발생한다. 게다가 NYU는 학교의 위치가 주는 특수성 때문에 다른 학교와 비슷한 주제라고 하더라도 다소 다른 답변을 해야 하는 경우가 있다. 지방 도시에 있는 학교의 MBA와 뉴욕에 있는 MBA와는 환경자체에 상상을 초월하는 차이가 있기 때문에 비슷한 주제라고 하더라도 답변 시에 이를 충분히 고려할 필요가 있다 하겠다.

Credit: FW

Ohio State (Fisher)
오하이오 주립 대학교 – 피셔 경영대

운영형태 사립	경영대 설립 1916년
위치 오하이오 주, 컬럼버스 시	학비 연 $55,000
캠퍼스 환경 대도시	생활비 연 $28,000

합격 난이도

6

주요 기관 평가 *U.S. News* + *Forbes* + 기타

7

비슷한 명성과 수준의 *MBA* 프로그램

> 미네소타–칼슨(Carlson),
> 펜실베니아 주립–스밀(Smeal), 피츠버그–카츠(Katz)

- 학교를 대표하는 우수한 경영대
- 미국 MBA 중에서 매우 합리적인 학비
- 대도시에 위치한 캠퍼스의 편리성

- 한국에서 높지 않은 학교의 인지도
 : 학교 자체는 많이 알려져 있지만 선호도는 그에 못 미치는 경향이 있다.
- 경기가 침체되어 조금 가라앉아 있는 도시의 분위기

Credit: FW

지원시기

지원 라운드	원서제출 데드라인	합격자 발표
얼리	10월 13일	11월 22일
1 라운드	12월 1일	1월 17일
2 라운드	1월 12일	3월 13일
3 라운드	2월 16일	4월 17일

- 지원 시기는 2019-20년 지원시기 기준이다.
- 매년 다소간의 변동이 발생할 수 있다.

제출시험

TEST 종류	제출 사항	권장점수
GMAT & GRE	GMAT 과 GRE 모두 제출가능	GMAT +660
TOEFL & IELTS	TOEFL 미니멈 100 IELTS 미니멈 7	TOEFL +100

- 시험정보는 2019-20년 지원시기 기준이다.
- 매년 다소간의 변동이 발생할 수 있다.
- GMAT의 경우 대부분의 프로그램이 미니멈을 두지 않는다. GMAT과 TOEFL 권장점수는 펜길윌리엄스가 그 동안의 한국인 지원자들의 점수를 토대로 제시한 것으로 지원자 별로 변동이 있을 수 있다.

지원 에세이 정보

ESSAY TOPIC 1

What are your short-term and long term goals? How/why will an MBA help you achieve those goals?
(Maximum words: 500)

ESSAY TOPIC 2

Please tell us about the accomplishment you are most proud of. How will this experience allow you to contribute a unique perspective to the Fisher community?
(Maximum words: 400)

SUPPLEMENTAL ESSAY (Optional)

This optional essay can be used to address any circumstances you'd like the Admissions Committee to be aware of (gaps in work history, academic performance, choice of recommenders, etc.).
(Maximum words: 250)

Video Interview

Each applicant will be required to complete an online assessment comprised of pre-recorded video questions. Since live interviews are by invitation only, the video interview is a way for us to virtually meet you and get a sense of your personality and potential beyond what you've included in your application.

You'll receive an email invitation to the video interview shortly after submitting your application.

The process is simple - you will be asked a question, given prep time, and a set amount of time to respond. It should only take 20 to 30 minutes to complete and can be done on your own time.

Credit: FW

> **▌*Finnguil Williams* 컨설팅의 합격조언**
>
> 에세이가 생각 이상으로 까다롭다. 써야하는 에세이의 수가 많고 비디오 인터뷰가 중요한 고비가 될 것이다. 비디오 인터뷰는 인터뷰라는 이름을 달고 있지만, 사실상 비디오 에세이로 보는 것이 옳다. 질문을 미리 볼 수 없기 때문에 다양한 상황에 대한 질문과 답변 시나리오를 미리 준비해서 연습할 필요가 있다. 동시에 자연스러운 영어를 구사할 수 있도록 충분한 교정이 필요하다.

Credit: FW

Penn State University (Smeal)
펜실베니아 주립대 - 스밀 경영대

```
운영형태    주립                    경영대 설립  1953년
위치    펜실베니아 주, 유니버시티 파크    학비    연 $45,000
캠퍼스 환경  캠퍼스 타운              생활비   연 $27,000
```

합격 난이도
6

주요 기관 평가 *U.S. News* + *Forbes* + 기타
7

비슷한 명성과 수준의 **MBA** 프로그램

로체스터-사이먼(Simon),

피츠버그-카츠(Katz), 텍사스A&M-메이스(Mays)

- 동부 명문 주립대의 MBA 프로그램
- 합리적인 학비

  : 명문 MBA 프로그램 중에서 이보다 더 싼 곳은 그리 많지 않

다.
- 넓고 아름다운 캠퍼스 환경

- 전 세계 널리 알려져 있음에도 아주 높지는 않은 한국인 지원자들의 선호도
- 외진 곳에 위치한 캠퍼스
  : 도시에서 멀리 떨어진 곳이기 때문에 MBA 프로그램으로서는 약점이 있다고 할 수 있다.

Credit: Public Domain

지원시기

지원 라운드	원서제출 데드라인	합격자 발표
얼리 디시젼	10월 1일	12월 1일
1 라운드	12월 1일	2월 1일
2 라운드	2월 1일	4월 1일
3 라운드	롤링 (6월1일까지)	6월 1일

- 지원 시기는 2019-20년 지원시기 기준이다.
- 매년 다소간의 변동이 발생할 수 있다.

제출시험

TEST 종류	제출 사항	권장점수
GMAT & GRE	GMAT 과 GRE 모두 제출가능	GMAT +650
TOEFL & IELTS	TOEFL 미니멈 80 Speaking 19 IELTS 미니멈 6.5	TOEFL +90

- 시험정보는 2019-20년 지원시기 기준이다.
- 매년 다소간의 변동이 발생할 수 있다.
- GMAT의 경우 대부분의 프로그램이 미니멈을 두지 않는다. GMAT과 TOEFL 권장점수는 핀길윌리엄스가 그 동안의 한국인 지원자들의 점수를 토대로 제시한 것으로 지원자 별로 변동이 있을 수 있다.

지원 에세이 정보

•Admissions Essay - What are your short-term and long-term career goals? How does your past experience enable you to achieve these goals? How do you see your MBA experience fitting into this plan? (600 Word Limit)

• Video Essay
: 20~30 분정도 이루어짐.

| *Finnguil Williams* 컨설팅의 합격조언

전반적으로 지원이 까다롭지 않은 편이나 비디오 에세이가 상당한 걸림돌이다. 다른 학교보다 시간적으로 훨씬 긴 시간을 할애해야 한다. 다시 말해, 질문이 더 많고, 따라서 준비해야 할 변수들과 예상 문제들이 많다는 뜻이 된다. 영어로 순발력 있게 대답하면서도, 발음이나 인토네이션이 흔들리지 않아야 함으로 상당히 어려운 도전이 될 것이다.

Credit: Public Domain

Purdue University (Krannert)
퍼듀 대학교 - 크래너트 경영대

운영형태 주립	경영대 설립 1962년
위치 인디애나 주, 웨스트 라파예트	학비 연 $44,000
캠퍼스 환경 중소도시	생활비 연 $25,000

| 합격 난이도

6

| 주요 기관 평가 *U.S. News* + *Forbes* + 기타

6

| 비슷한 명성과 수준의 *MBA* 프로그램

조지아-테리(Terry),

메릴랜드-스미스(Smith), 피츠버그-카츠(Katz)

- 인디애나 주를 대표하는 명문 주립이 운영하는 MBA
- 한국에서의 높은 인지도

  : 특히 한국에서 인디애나 주에 있는 학교들에 대한 인식이 좋

다.
- 합리적인 학비

Credit: Public Domain

- 생각 이상으로 까다로운 지원 요구사항들
- 같은 주에 위치한 인디애나 대학교의 켈리 경영대에 가려진 명성

  : 학교 자체는 비슷한 수준과 명성을 자랑하지만 켈리 경영대의 위상이 너무 높다.

지원시기

지원 라운드	원서제출 데드라인	합격자 발표
1 라운드	9월 1일	11월 15일
2 라운드	11월 16일	1월 15일
3 라운드	1월 16일 · 외국인 지원 마감	3월 1일
4 라운드	3월 2일	5월 1일

· 지원 시기는 2019-20년 지원시기 기준이다.
· 매년 다소간의 변동이 발생할 수 있다.

제출시험

TEST 종류	제출 사항	권장점수
GMAT & GRE	GMAT 과 GRE 모두 제출가능	GMAT +630
TOEFL & IELTS	TOEFL 미니멈 93 Writing 20, Speaking 22, Listening 18, Reading 22 IELTS 미니멈 7.5 각 섹션 7 이상	TOEFL +95

· 시험정보는 2019-20년 지원시기 기준이다.
· 매년 다소간의 변동이 발생할 수 있다.
· GMAT의 경우 대부분의 프로그램이 미니멈을 두지 않는다. GMAT과 TOEFL 권장점수는 핀길윌리엄스가 그 동안의 한국인 지원자들의 점수를 토대로 제시한 것으로 지원자 별로 변동이 있을 수 있다.

지원 에세이 정보

Integrity (500 words max):

What does integrity mean to you? How does integrity relate

to building communities of trust in academic, personal and professional settings? What expectations should Purdue have towards its students with regard to academic integrity? What consequences should students face when standards are not upheld?

Optional Essay (250 words max):

If you feel there are any part of your application that require additional explanation, or if there is any additional information you wish to share with the Admissions Committee, please use this optional essay as an opportunity to do so.

Video Essay (3~5 문항):

아래 5개의 주제와 관련된 질문들이 주어진다.

- Motivation
- Adaptability
- Engagement
- Leadership Potential
- Communication
- Self-Awareness

Finnguil Williams 컨설팅의 합격조언

생각보다 지원 요구사항들이 까다롭다. 토플도 세부섹션 별로 미니멈이 따로 있고, 비디오 에세이도 상당히 길게 진행된다. 쉽게 생각했던 지원자들에게는 매우 까다로운 지원과정이 될 것이다. 글로 써서 제출하는 에세이의 경우에도 다른 학교와 질문이 겹치지 않기 때문에 따로 시간을 상당히 투자해서 준비해야 할 것이다. 다만 다행인 점은 이 학교는 완벽한 지원자를 찾는 것은 아니라는 것이다. 최선을 다한다면 좋은 결과가 있을 것이다.

Credit: Public Domain

Rice University (Jones)
라이스 대학교 - 존스 경영대

운영형태 사립	경영대 설립 1974년
위치 텍사스 주, 휴스턴 시	학비 연 $63,000
캠퍼스 환경 대도시	생활비 연 $30,000

▌합격 난이도

7

▌주요 기관 평가 *U.S. News* + *Forbes* + 기타

7

▌비슷한 명성과 수준의 *MBA* 프로그램

밴더빌트-오웬(Owen),
조지타운-맥도너(McDonough), 에모리-고이스웨타(Goizueta)

- 텍사스 주 최고의 대학에서 운영하는 MBA로 남부지역에서 확고한 인지도
- 하이테크와 공학이 접목된 커리큘럼이 우수하다.

- 텍사스에서 가장 번화한 도시 휴스턴의 편리성을 모두 누릴 수 있는 캠퍼스 환경
- 사립치고는 비교적 합리적인 학비
  : 여전히 여러 주립보다 비싸기는 하다.

Credit: Rice Public Domain

- 역사와 전통이 아직은 길지 못한 경영대

  : 이로 인해 텍사스 밖에서의 동문 영향력은 아직 부족한 편이다.

- 다소 많이 드는 생활비

  : 휴스턴은 미국에서도 손꼽히는 대도시이기 때문에 예상외의 지출이 많을 수 있다.

- 아직은 그렇게 높지 않은 한국 내 인지도

  : 머지않아 좋아질 것으로 예상된다.

Credit: Public Domain

지원시기

지원 라운드	원서제출 데드라인	합격자 발표
1 라운드	10월 11일	12월 6일
2 라운드	1월 3일	3월 6일
3 라운드	4월 3일	5월 8일

· 지원 시기는 2019-20년 지원시기 기준이다.
· 매년 다소간의 변동이 발생할 수 있다.

제출시험

TEST 종류	제출 사항	권장점수
GMAT & GRE	GMAT 과 GRE 모두 제출가능	GMAT +690
TOEFL & IELTS	미니멈 없음	TOEFL +103

· 시험정보는 2019-20년 지원시기 기준이다.
· 매년 다소간의 변동이 발생할 수 있다.
· GMAT의 경우 대부분의 프로그램이 미니멈을 두지 않는다. GMAT과 TOEFL 권장점수는 핀길윌리엄스가 그 동안의 한국인 지원자들의 점수를 토대로 제시한 것으로 지원자 별로 변동이 있을 수 있다.

지원 에세이 정보

Note: One essay is required to apply. Please choose from one of the two options below.

Essay 1

Rice is a community of curious thinkers, passionate dreamers and energetic doers who believe that improving the world demands more than bold thought and brave action. It takes unconventional wisdom. What does unconventional wisdom mean to you?

Essay 2

In the Rice MBA classroom, you will encounter a diverse and inclusive environment. What will you bring to the classroom that is uniquely you?

Optional Essay

If you have any additional information for the admissions committee or if you wish to clarify any aspect of your application (including breaks in employment, your choice of recommendation providers, your past academic performance, etc.), you may submit an additional, optional essay.
(Page Limit: One page, bullet points allowed)

Finnguil Williams 컨설팅의 합격조언

지원 부담이 상대적으로 적은 편이다. 에세이도 아주 많이 까다롭지는 않고, 특별히 제출해야 하는 추가 사항도 별로 없다. 다른 학교 준비하는 과정에서 성실하게 준비한 지원자라면 원서제출은 어렵지 않게 할 수 있을 전망이다. 다만 합격을 위해 필요한 GMAT 점수가 생각보다 높을 것이다. 이 점 때문에 예상외의 불합격을 받은 학생들이 상당수 있을 것으로 생각된다.

Credit: Public Domain

Rutgers
럿거츠

운영형태	주립	경영대 설립	1929년
위치	뉴저지 주, 뉴웍&브런스윅	학비	연 $49,000
캠퍼스 환경	캠퍼스별로 차이남	생활비	연 $23,000

| 합격 난이도

4

| 주요 기관 평가 *U.S. News* + *Forbes* + 기타

5

| 비슷한 명성과 수준의 *MBA* 프로그램

마이애미 University of Miami, 노스이스턴 Northeastern

- 놀라울 정도로 낮은 학비
 : 명문 MBA 프로그램들 중 최저수준이다.
- 동부 최고의 주립대에서 운영하는 MBA

Credit: Public Domain

: 럿거츠는 동부 최고의 주립대 중 하나이다.
- 뉴욕에서 머지 않은 학교의 위치
: MBA 프로그램이 주로 진행되는 뉴왁 캠퍼스는 맨해튼 강 건너로 사실상 뉴욕시나 다를 바가 없어 인턴쉽이나 여타 활동에 유리한 위치이다.

- 미국과 한국 모두에서 제한적인 인지도
- 각종 매체에서 다소 고전하는 MBA 순위
: 학교의 명성에 비해 MBA 순위가 조금 낮은 편이다.

지원시기

지원 라운드	원서제출 데드라인	합격자 발표
1 라운드	11월 15일	12월 20일
2 라운드	1월 20일	2월 25일
3 라운드	3월 15일	4월 20일
4 라운드	5월 1일	6월 10일
5 라운드	7월 5일	7월 17일

- 지원 시기는 2019-20년 지원시기 기준이다.
- 매년 다소간의 변동이 발생할 수 있다.

제출시험

TEST 종류	제출 사항	권장점수
GMAT & GRE	GMAT 과 GRE 모두 제출가능	GMAT +640
TOEFL & IELTS	미니멈 없음	TOEFL +90

- 시험정보는 2019-20년 지원시기 기준이다.
- 매년 다소간의 변동이 발생할 수 있다.
- GMAT의 경우 대부분의 프로그램이 미니멈을 두지 않는다. GMAT과 TOEFL 권장점수는 핀길윌리엄스가 그 동안의 한국인 지원자들의 점수를 토대로 제시한 것으로 지원자 별로 변동이 있을 수 있다.

지원 에세이 정보

1.

The full-time MBA experience includes academics, recruiting, and networking. What are your personal priorities and how do you anticipate allocating your time at Rutgers Business School? (500 words)

2.

Our business school is a diverse environment. How will your experiences contribute to this? (250 words)

Credit: Public Domain

| *Finnguil Williams* 컨설팅의 합격조언

지원에 까다로운 걸림돌이 거의 없다. 에세이도 평이한 편이다. 다만 기본적인 GMAT이나 토플 점수는 생각보다 높을 수 있음으로 이 시험들에 최선을 다할 필요가 있다.

Stanford University
스탠포드 대학교

운영형태 사립	경영대 설립 1925년
위치 캘리포니아 주, 팔로 알토	학비 연 $77,000
캠퍼스 환경 대도시 근교	생활비 연 $33,000

▌합격 난이도

▌주요 기관 평가 *U.S. News* + *Forbes* + 기타

▌비슷한 명성과 수준의 *MBA* 프로그램

하버드 Harvard, 유펜 UPenn(와튼 Wharton), MIT(슬로안 Sloan)

- 미국을 대표하는 MBA 프로그램과 세계 최고의 entrepreneurship 커리큘럼
- 실리콘밸리에서 멀지않은 최적의 지리적 위치
 : 특히 IT관련 커리어를 생각하는 학생들에게 지구상에서 가장

좋은 MBA 프로그램일 것이다.

- 서부의 문화적 요람

  : 가장 다양성이 넘치는 미국도시 샌프란시스코 근처이면서도 도심에서 벗어나 쾌적함과 편리함을 모두 보여주는 환경이다.

- 강력한 동문 영향력

  : 미국에서 가장 강한 동문 영향력을 지닌 경영대 중 하나이다.

- 비싼 학비와 생활비

  : 학비도 미국 최고 수준이며, 생활비 역시 그러하다.

- 지나치게 까다로운 합격

  : 미국에서 가장 들어가기 어려운 MBA 중 하나이다. 결점이 있는 지원자는 합격이 어렵다.

- 동부 금융허브와의 먼 거리

  : 관련 분야 종사자에게는 뉴욕보다는 덜 선호할만한 지리적 위치이다.

Credit: Public Domain

Credit: Public Domain

지원시기

지원 라운드	원서제출 데드라인	합격자 발표
1 라운드	9월 12일	12월 중
2 라운드	1월 9일	3월 중
3 라운드	4월 8일	5월 중

- 지원 시기는 2019-20년 지원시기 기준이다.
- 매년 다소간의 변동이 발생할 수 있다.

제출시험

TEST 종류	제출 사항	권장점수
GMAT & GRE	GMAT 과 GRE 모두 제출가능	GMAT +740
TOEFL & IELTS	TOEFL 미니멈 100 IELTS 미니멈 7	TOEFL +115

- 시험정보는 2019-20년 지원시기 기준이다.
- 매년 다소간의 변동이 발생할 수 있다.
- GMAT의 경우 대부분의 프로그램이 미니멈을 두지 않는다. GMAT과 TOEFL 권장점수는 핀길윌리엄스가 그 동안의 한국인 지원자들의 점수를 토대로 제시한 것으로 지원자 별로 변동이 있을 수 있다.

Credit: Public Domain

지원 에세이 정보

Essay A: What matters most to you, and why?

For this essay, we would like you to reflect deeply and write from the heart. Once you've identified what matters most to you, help us understand why. You might consider, for example, what makes this so important to you? What people, insights, or experiences have shaped your perspectives?

Essay B: Why Stanford?

Describe your aspirations and how your Stanford GSB experience will help you realize them. If you are applying to both the MBA and MSx programs, use Essay B to address your interest in both programs.

- 두 개의 에세이 모두 필수이다. 두 에세이를 합쳐 1,150자를 넘지 않을 것을 권장한다. ***Stanford***는 *Essay A*에 750***words***, *Essay B*에 400***words***를 권장한다. 이 더 짧게 쓸 수 있다면 더 좋다고 권장한다.

Optional Short-Answer Question:

Think about times you've created a positive impact, whether in professional, extracurricular, academic, or other settings. What was your impact? What made it significant to you or to others? You are welcome to share up to three examples.

(Up to 1500 characters, approximately 250 words, for each example)

Credit: Public Domain

스탠포드 대학교

Finnguil Williams 컨설팅의 합격조언

한국인이 가장 선호하는 학교 중 하나이다. 하버드, MIT 등과 함께 가장 합격하기 어려운 학교인데, 특히 에세이가 까다로운 편이다. 에세이는 크게 global perspective와 personal introspection를 통합적으로 묻는 질문이 출제되었다. optional 에세이에 커리어에 대한 답변을 보완할 수 있는 에세이까지 전체적으로 모든 분야의 질문이 꼼꼼하게 반영되었다. 완벽한 지원자를 찾는 스탠포드의 전통이 확연히 보인다고 할 수 있다.

학교 특성상 금융 분야 보다는 IT 분야의 지원자를 조금 더 선호하는 경향이 있다. 거꾸로 말하면 관련 분야의 경쟁이 더 치열하다는 이야기인데, 한국인 지원자 중에는 IT관련 지원자가 워낙 많아서 아무래도 제대로 된 준비를 할 필요가 있다. 정해진 합격자 쿼터는 정해져 있는데 아시아 쪽 지원자들은 계속 증가하는 추세이기 때문이다.

Credit: Public Domain

Texas A&M (Mays)
텍사스 A&M 대학교 – 메이스 경영대

운영형태 주립	경영대 설립 1968년
위치 텍사스 주, 칼리지스테이션	학비 연 $47,000
캠퍼스 환경 캠퍼스 타운	생활비 연 $25,000

▍합격 난이도
6

▍주요 기관 평가 *U.S. News* + *Forbes* + 기타
6

▍비슷한 명성과 수준의 **MBA** 프로그램
조지아-테리(Terry), 럿거즈 Rutgers, 마이애미 University of Miami

- 합리적인 학비
- 공학이나 농업학 관련 분야의 종사자에게 더 유익한 커리큘럼
- 넓은 캠퍼스
- 연중 춥지 않은 날씨

Credit: Public Domain

- 한국에서 높지 않은 인지도
- 텍사스 주 밖에서는 아직 제한적인 동문영향력
- 캠퍼스 타운의 특성상 제한적인 편의시설
  : 가까운 대도시에 가려면 휴스턴까지 나가야 한다.

지원시기

지원 라운드	원서제출 데드라인	합격자 발표
얼리	10월 1일	-
1 라운드	12월 1일	-
2 라운드	2월 1일 (외국인 지원자 마감)	-
3 라운드	4월 1일	-

· 지원 시기는 2019-20년 지원시기 기준이다.
· 매년 다소간의 변동이 발생할 수 있다.

제출시험

TEST 종류	제출 사항	권장점수
GMAT & GRE	GMAT 과 GRE 모두 제출가능	GMAT +640
TOEFL & IELTS	TOEFL 미니멈 100 IELTS 미니멈 7	TOEFL +100

· 시험정보는 2019-20년 지원시기 기준이다.
· 매년 다소간의 변동이 발생할 수 있다.
· GMAT의 경우 대부분의 프로그램이 미니멈을 두지 않는다. GMAT과 TOEFL 권장점수는 핀길윌리엄스가 그 동안의 한국인 지원자들의 점수를 토대로 제시한 것으로 지원자 별로 변동이 있을 수 있다.

지원 에세이 정보

Question 1.

What is your immediate post-MBA professional goal? To the best of your ability, please describe the type of position and type of organization you plan to target. How do your experiences to date align with this goal? How will the Mays MBA program help you transform your future and impact your world?
(Maximum length – 2 pages, double-spaced)

Question 2.

Please detail two experiences – one professional and one personal – that have shaped you. What did you discover about yourself through these experiences?
(Maximum length – 2 pages, double-spaced)

Question 3 (재지원자는 필수).

Please provide the Admissions Committee with an overview of how you have strengthened your candidacy since you last applied. (Maximum length - 1 page, double-spaced)

OPTIONAL

If you would like to share additional information with the Admissions Committee, please do so here. Suitable topics include gaps in post-college work experience and concerns about academic/test performance. (Maximum length - 1 page, double-spaced)

Credit: Public Domain

Finnguil Williams 컨설팅의 합격조언

제출해야 하는 서류가 복잡하지는 않지만 작성해야 하는 에세이의 수와 그 양이 적지 않다. 다행히 주제 자체는 그렇게 복잡하지는 않아서 성실히 미리 준비를 한 지원자라면 지원에 큰 어려움은 없을 것으로 보인다. 한국인 지원자는 미국인 지원자에 비해 합격에 필요한 스텟이 조금 더 낮은 편이라 관심 있는 지원자들에게 적극 추천한다.

UC Berkeley (Haas)
UC 버클리 - 하스 경영대

운영형태	주립	경영대 설립	1898년
위치	캘리포니아 주, 버클리	학비	연 $64,000
캠퍼스 환경	대도시	생활비	연 $34,000

합격 난이도

8

주요 기관 평가 *U.S. News* + *Forbes* + 기타

9

Credit: Berkeley Public Domain

| 비슷한 명성과 수준의 **MBA** 프로그램

미시건 Michigan(Ross), 뉴욕 NYU(Stern), 듀크 Duke(Fuqua)

- 유구한 역사와 전통
  : 주립대 중에서 가장 먼저 설립된 경영대이다.
- 한국에도 잘 알려진 학교의 명성
  : UC 버클리는 한국에도 익히 잘 알려진 미국 최고의 명문대 중 하나이다. 한국인 동문 중에는 한국최초의 우주인인 이소연 씨가 Haas MBA 출신이다.
- 서부의 문화적 중심 샌프란시스코와 실리콘밸리라는 지리적 위치
  : 관련 분야의 지원자들에게 매력적인 학교가 될 것이다.
- 비교적 합리적인 학비
  : MBA 중 명문이면서 이 정도로 학비가 낮은 곳은 많이 없다.

- 한국에서는 상대적으로 덜 선호하는 서부를 대표하는 주립학교
  : 우수한 학문적 명성에도 불구하고 한국인 중 일부는 이 점 때문에 약간 꺼려한다. UC 버클리 학부에 CC(커뮤니티 칼리지)출신 학생이 많아 그런 것도 같다.
- 한국에 아주 잘 알려진 동문이 없다.

: 유명한 MBA의 명성에도 불구하고 한국에서 엄청나게 유명한 동문은 없어 다소 의외이다.

Credit: Public Domain

지원시기

지원 라운드	원서제출 데드라인	합격자 발표
1 라운드	9월 26일	12월 중
2 라운드	1월 9일	3월 26일
3 라운드	4월 2일	5월 7일

· 지원 시기는 2019-20년 지원시기 기준이다.
· 매년 다소간의 변동이 발생할 수 있다.

제출시험

TEST 종류	제출 사항	권장점수
GMAT & GRE	GMAT 과 GRE 모두 제출가능	GMAT +710
TOEFL & IELTS	TOEFL 미니멈 90 IELTS 미니멈 7	TOEFL +107

· 시험정보는 2019-20년 지원시기 기준이다.
· 매년 다소간의 변동이 발생할 수 있다.
· GMAT의 경우 대부분의 프로그램이 미니멈을 두지 않는다. GMAT과 TOEFL 권장점수는 핀길윌리엄스가 그 동안의 한국인 지원자들의 점수를 토대로 제시한 것으로 지원자 별로 변동이 있을 수 있다.

지원 에세이 정보

Required Essay 1.

What makes you feel alive when you are doing it, and why?
(300 words maximum)

Required Essay 2.

At Berkeley Haas, we are redefining leadership. We value different opinions and perspectives, recognizing that we always have more to learn about others' lived experiences and histories. We encourage speaking up and listening, and courageously use our power to address barriers and drive change for positive impact.

Tell us how a Berkeley Haas MBA would enhance your leadership profile, incorporating specific examples. (300 words max)

| *Finnguil Williams* 컨설팅의 합격조언

> 서부를 대표하는 명문 주립대이기 때문에 철저한 준비가 필요하다. 학생을 뽑는 쿼터는 각 분야에 골고루 걸쳐 있기 때문에 특별히 어떤 분야의 지원자가 유리하거나 불리하다고 할 수는 없다. 전통적으로 에세이는 분량이 많지 않지만 지원자의 커리어를 명확하게 알아볼 수 있는 질문을 던지고 있다. 따라서 비교적 길지 않은 분량 안에 자신의 커리어를 골고루 반영할 수 있는 답변을 신중하게 준비할 필요가 있다.

Credit: Domain

UCLA (Anderson)
UCLA - 앤더슨 경영대

운영형태　주립	경영대 설립　1935년
위치　캘리포니아 주, 로스앤젤레스 시	학비　연 $65,000
캠퍼스 환경　대도시	생활비　연 $33,000

┃ 합격 난이도

　　　　　　　　　　　　　　　7

┃ 주요 기관 평가 *U.S. News* + *Forbes* + 기타

　　　　　　　　　　　　　　　　8

┃ 비슷한 명성과 수준의 *MBA* 프로그램

> 하버드 Harvard, 유펜 UPenn(와튼Wharton), MIT(슬로안Sloan)

- 미국을 대표하는 우수한 MBA 프로그램과 특히 금융 분야에 우수한 커리큘럼
- 미국 MBA 중에는 합리적인 학비
  : 여전히 큰 금액이기는 하지만 미국 명문대 MBA 중에서는 합

리적이라 할 수 있다.

- 서부의 맑고 따뜻한 날씨
- 거대 한인타운이 형성되어 있는 대도시 LA의 편리한 환경
: 한국음식이 그리워 향수병 걸릴 일은 아마 없을 것이다.
- 인종차별의 우려가 없다.
: 아예 없다고는 할 수 없지만, 미국 전체의 기준에서 보자면 거의 없다고 보아도 무방하다.

Credit: Public Domain

- 상대적으로 덜 유명한 한국인 동문들

  : 한국인 학생이 많이 졸업했음에도 불구하고, 대중적으로 잘 알려진 한국인 동문은 적은 편이다.

- UC 버클리의 하스를 더 선호하는 한국 내 분위기

  : 하지만 UCLA 앤더슨은 하스 이상으로 우수한 MBA 프로그램을 제공한다. 주저 없이 선택하라고 권하고 싶다.

- 교민들과의 민감한 관계

  : 한국교민들 중에 유학생에 반감을 가진 분들이 꽤 있다. 물론 좋은 분들도 많다.

지원시기

지원 라운드	원서제출 데드라인	합격자 발표
1 라운드	10월 2일	12월 18일
2 라운드	1월 8일	3월 26일
3 라운드	4월 16일	5월 21일

· 지원 시기는 2019-20년 지원시기 기준이다.
· 매년 다소간의 변동이 발생할 수 있다.

제출시험

TEST 종류	제출 사항	권장점수
GMAT & GRE	GMAT 과 GRE 모두 제출가능	GMAT +700
TOEFL & IELTS	TOEFL 미니멈 87 Writing:25, Speaking: 24, Reading 21, Listening 17 IELTS 미니멈 7	TOEFL +103

· 시험정보는 2019-20년 지원시기 기준이다.
· 매년 다소간의 변동이 발생할 수 있다.
· GMAT의 경우 대부분의 프로그램이 미니멈을 두지 않는다. GMAT과 TOEFL 권장점수는 핀길윌리엄스가 그 동안의 한국인 지원자들의 점수를 토대로 제시한 것으로 지원자 별로 변동이 있을 수 있다.

지원 에세이 정보

New Applicants

a) Tell us about your MBA goals AND why you are applying to UCLA Anderson now:
##Describe your short term and long term goals (150 words maximum)
##Why is UCLA Anderson a good school for you? (150 words maximum)

b) At Anderson, we believe our students are engaged, courageous, humble, and open. Describe a time when you demonstrated one of these traits in your personal life. (250 words maximum)

c) Optional: Are there any extenuating circumstances in your profile about which the Admissions committee should be aware. (250 words maximum)

Reapplicants

(For applicants who applied for the MBA program in the previous two application years. If you applied three years or more prior, please answer the "New Applicant" questions.)

a) Please describe your career progress since you last applied and how you have enhanced your candidacy. Include information on short-term and long-term career goals, as well as your continued interest in UCLA Anderson. (500 words maximum)

b) Optional: Are there any extenuating circumstances in your profile about which the Admissions Committee should be aware? Please use your best judgment. (250 words maximum)

Finnguil Williams 컨설팅의 합격조언

세계적으로 유명한 MBA이지만 전통적으로 한국인 지원자들에게 비교적 넓게 문을 열어주고 있는 학교이기에 지원을 적극 권장한다. 물론 이는 준비가 아주 잘된 지원자들을 기준으로 하는 이야기임으로 원서의 수준은 최상으로 준비해야 한다. 다른 학교와 차별화된 원서를 요구하지는 않기 때문에 다른 학교와 함께 꼼꼼히 잘 준비한다면 좋은 결과를 기대할 수 있을 것이다.

Credit: Public Domain

University of Chicago (Booth)
시카고 대학교 - 부스 경영대

운영형태	사립	경영대 설립	1898년
위치	일리노이 주, 시카고 시	학비	연 $75,000
캠퍼스 환경	대도시 근교	생활비	연 $25,000

| 합격 난이도

9

| 주요 기관 평가 *U.S. News* + *Forbes* + 기타

10

| 비슷한 명성과 수준의 *MBA* 프로그램

스탠포드 Stanford, 하버드 Harvard, 유펜 UPenn(와튼Wharton), MIT(슬로안Sloan)

- 오랜 역사와 권위를 인정받는 전통의 MBA 프로그램

  : 1935년에 비교적 일찍 MBA 프로그램을 시작했으며, 미국에서 가장 먼저 경영자 MBA 과정을 시작(1943)한 학교이기도

하다. 참고로 미국에서 경영학 박사를 최초로 수여(1920)한 학교도 바로 이 시카고 대학교이다.

- 미국에서 가장 우수하고 학구적인 학교 시카고 대학교

  : 중부에서 가장 우수한 학교이며, 경제·경영 분야에서는 하버드 못지않은 명성을 자랑한다.

- 다양한 리서치 센터를 통해 급변하는 시장 환경에 적응할 수 있는 기회를 제공

- 각종 경영대 순위에서 항상 탑5 정도를 유지하고 있다.

- 너무나 까다로운 합격

  : 미국 MBA 중에서 가장 합격하기 어려운 학교 중 하나이다.

- 비싼 학비

  : 가장 비싼 MBA 프로그램에 속한다. 학비와 생활비가 한화로 연 1억원을 훌쩍 넘는다.

Credit: Public Domain

지원시기

지원 라운드	원서제출 데드라인	합격자 발표
1 라운드	9월 26일	12월 5일
2 라운드	1월 7일	3월 19일
3 라운드	4월 2일	5월 21일
3 라운드 연장 지원	5월 31일	미정

- 지원 시기는 2019-20년 지원시기 기준이다.
- 매년 다소간의 변동이 발생할 수 있다.

제출시험

TEST 종류	제출 사항	권장점수
GMAT & GRE	GMAT 과 GRE 모두 제출가능	GMAT +730
TOEFL & IELTS	TOEFL 미니멈 104 IELTS 미니멈 7	TOEFL +115

- 시험정보는 2019-20년 지원시기 기준이다.
- 매년 다소간의 변동이 발생할 수 있다.
- GMAT의 경우 대부분의 프로그램이 미니멈을 두지 않는다. GMAT과 TOEFL 권장점수는 핀길윌리엄스가 그 동안의 한국인 지원자들의 점수를 토대로 제시한 것으로 지원자 별로 변동이 있을 수 있다.

지원 에세이 정보

1. How will the Booth MBA help you achieve your immediate and long-term post-MBA career goals? (250 word minimum)

2. Chicago Booth immerses you in a choice-rich environment.

How have your interests, leadership experiences, and other passions influenced the choices in your life? (250 word minimum)

Optional Question:

Is there any unclear information in your application that needs further explanation? (300 word maximum)

Re-applicant Question:

Upon reflection, how has your perspective regarding your future, Chicago Booth, and/or getting an MBA changed since the time of your last application? (300 word maximum)

Credit: Public Domain

Finnguil Williams 컨설팅의 합격조언

부스 경영대는 너무나 좋은 MBA 프로그램이고 합격만하면 좋겠지만 합격 자체가 너무 어렵다. GMAT 점수와 TOEFL 점수가 매우 높아야 하고, 학부 GPA도 높아야한다. 커리어 측면에서도 5년 정도의 회사생활 기록은 물론 관련 분야의 전문성을 지원 에세이에 확실하게 언급할 필요가 있다. 에세이는 특별히 까다로운 질문이 주어지는 것은 아니지만 써야할 에세이 숫자가 3개 정도 된다. 분량이 많지 않기에 창의적인 접근을 하기 까다롭다는 것이 지원자에게는 고민이 될 것이다. 따라서 주제 선정과 작성 과정에 신중을 기할 필요가 있다.

생활 환경은 대도시적 환경이기에 많은 것들을 경험할 수 있다. 시카고는 큰 도시이고, 따라서 인턴쉽 기회와 미국 기업들의 동향을 살펴보는 데도 유리한 측면이 많다. MBA를 하기에는 최적의 조건을 제공하고 있다고 보면 된다. 합격만 한다면 다른 어떤 MBA 프로그램보다도 우수한 교육을 받을 수 있는 곳이라고 감히 말하고 싶다.

Credit: Public Domain

Credit: Public Domain

University of Florida
(Hough Graduate School of Business)
플로리다 대학교 - 허프 경영대학원

운영형태	주립	경영대 설립	1926년[1]
위치	플로리다 주, 개인스빌	학비	연 $36,000
캠퍼스 환경	중소도시	생활비	연 $25,000

1) 경영대인 워링턴(Warrington College of Business)은 1926년에 설립되었다. 허프 경영대학원은 워링턴 산하에 있으며 그 설립시기는 1948년이다.

▍합격 난이도

6

▍주요 기관 평가 *U.S. News* + *Forbes* + 기타

6

▍비슷한 명성과 수준의 *MBA* 프로그램

윌리엄 앤 메리-매이슨(Mason), 마이애미 University of Miami

- 미국 내에서 견고한 명성을 자랑하는 플로리다 대학교
- 싼 학비

Credit: William M

: 합리적인 수준을 넘어 이 정도면 싸다고 해도 좋을 듯하다.
- 까다롭지 않은 합격 기준
- 양질의 교육을 제공하는 커리큘럼

- 한국 내에서 높지 않은 인지도
- 다소 더울 수 있는 날씨

: 반면 추운 것을 싫어하는 사람에게는 아주 좋은 환경이다.

- 약간의 인종차별 우려가 있는 플로리다의 백인중심 문화

: 물론 남부 주들에 비해 심하지는 않다.

Credit: WillMcC

지원시기

지원 라운드	원서제출 데드라인	합격자 발표
1 라운드	10월 15일	-
2 라운드	1월 15일	-
3 라운드	롤링	-

- 지원 시기는 2019-20년 지원시기 기준이다.
- 매년 다소간의 변동이 발생할 수 있다.

제출시험

TEST 종류	제출 사항	권장점수
GMAT & GRE	GMAT 과 GRE 모두 제출가능	GMAT +640
TOEFL & IELTS	TOEFL 미니멈 80 IELTS 미니멈 6	TOEFL +90

- 시험정보는 2019-20년 지원시기 기준이다.
- 매년 다소간의 변동이 발생할 수 있다.
- GMAT의 경우 대부분의 프로그램이 미니멈을 두지 않는다. GMAT과 TOEFL 권장점수는 핀길윌리엄스가 그 동안의 한국인 지원자들의 점수를 토대로 제시한 것으로 지원자 별로 변동이 있을 수 있다.

지원 에세이 정보

Essay 1

(All applicants) Describe how you would like to see your career develop. Explain how your academic background, prior professional experience and the Florida MBA degree will help you achieve your career goals. If your career goals are international, or you are an international student, please include as part of your career plans in what country or region you plan to seek employment following completion of the program. Limit your response to 2-3 pages.

Essay 2

(Traditional Applicants Only) Describe a success that you achieved due to your self-motivation, persistence, and hard work. What motivated you? Limit your response to 1-2 pages.

Essay 3

(Optional) Please share any additional information that you think will assist the Admissions Committee in evaluating your application to the Florida MBA Programs. Limit your response to no more than 1 page.

Finnguil Williams 컨설팅의 합격조언

전반적으로 합격 요건이 까다롭지 않다. 준비가 잘된 지원자라면 충분히 합격할 수 있을 것이고, 스펙이 좀 낮은 지원자도 기회가 없지 않을 것이다. 에세이 역시 전통적인 질문 형태에서 많이 벗어나있지 않아 다른 학교와 함께 지원할 수 있는 수준이다. 특히 좋은 교육을 제공하면서도 학비가 싼 학교임으로 많은 지원자들에게 도전해보라 권하고 싶다.

University of Georgia (Terry)
조지아 대학교 - 테리 경영대

운영형태	주립	경영대 설립	1912년
위치	애틀랜타 주, 애튼스 시	학비	연 $36,000
캠퍼스 환경	대도시 근교	생활비	연 $25,000

합격 난이도

5

주요 기관 평가 *U.S. News* + *Forbes* + 기타

5

비슷한 명성과 수준의 *MBA* 프로그램

메릴랜드–스미스(Smith), 마이애미 University of Miami

- 저렴한 학비

  : 명문 MBA 프로그램 중에 이보다 더 낮은 학비를 제시하는 곳은 흔치 않다.

- 남부에서 가장 먼저 설립된 경영대의 유구한 역사

- 인턴쉽과 각종 수료증을 장려하는 경영대의 행정적 지원

- 다소 답보 상태인 MBA 프로그램의 명성
- 한국에서의 낮은 인지도
  : 한국인 지원자들에게는 다소 걸리는 부분일 수 있다.

Credit: Coxonian

지원시기

지원 라운드	원서제출 데드라인	합격자 발표
1 라운드	10월 10일	12월 5일
2 라운드	12월 5일	1월 31일
3 라운드	1월 10일	3월 5일
4 라운드	3월 10일	5월 1일
5 라운드	8월 1일	롤링

- 지원 시기는 2019-20년 지원시기 기준이다.
- 매년 다소간의 변동이 발생할 수 있다.

제출시험

TEST 종류	제출 사항	권장점수
GMAT & GRE	GMAT 과 GRE 모두 제출가능	GMAT +640
TOEFL & IELTS	TOEFL 미니멈 100 IELTS 미니멈 7	TOEFL +100

- 시험정보는 2019-20년 지원시기 기준이다.
- 매년 다소간의 변동이 발생할 수 있다.
- GMAT의 경우 대부분의 프로그램이 미니멈을 두지 않는다. GMAT과 TOEFL 권장점수는 핀길윌리엄스가 그 동안의 한국인 지원자들의 점수를 토대로 제시한 것으로 지원자 별로 변동이 있을 수 있다.

지원 에세이 정보

NOTE: Essays are a way for you to share your perspective and plans. The best essays are introspective, authentic, and succinct by directly answering our specific questions. Double-space each essay and ensure it is between 500-700 words.

Required Essay

In 500 words or less, please discuss the personal and professional accomplishments and passions that are most significant to you and how those accomplishments and passions relate to your short- and long-term career goals. Please use examples to illustrate your discussion.

Optional Essay

Please use this optional essay to share relevant information with the Admissions Committee that isn't revealed anywhere else in your application materials. The Admissions Committee wants to understand you as a whole person, in context, so use this essay to "fill any holes" in the rest of your application.

| *Finnguil Williams* 컨설팅의 합격조언

> 지원 서류가 까다로운 학교는 아니지만 기본적인 영어시험 점수들이 예상보다 높은 편이다. 특히 재정지원을 받기 위해서는 토플 점수가 미니멈보다 더 높아야 한다는 점에서 재정보조를 기대하는 지원자들의 경우에는 다소 부담스러운 면이 있다.

University of Maryland (Smith)
메릴랜드 대학교 - 스미스 경영대

운영형태 주립	경영대 설립 1921년
위치 메릴랜드 주, 워싱턴 D.C. 근처	학비 연 $59,000
캠퍼스 환경 대도시 근교	생활비 연 $27,000

| 합격 난이도
5

| 주요 기관 평가 *U.S. News* + *Forbes* + 기타
5

| 비슷한 명성과 수준의 *MBA* 프로그램

조지아-테리(Terry),

럿거츠(Rutgers, The State University of New Jersey)

- 우수 주립대로서의 학교의 명성
- 고풍스러운 캠퍼스
- 워싱턴 D.C.에 가까운 위치

: 지하철로 매우 가까이 연결된다.

- 주립 중에서는 비싼 학비
- 한국에서 높지 않은 인지도
- 짧은 MBA 역사
 : 1996년에 시작되었다.

Credit: FW

Credit: FW

지원시기

지원 라운드	원서제출 데드라인	합격자 발표
1 라운드	10월 1일	12월 23일
2 라운드	11월 1일	1월 15일
3 라운드	12월 15일	3월 15일
4 라운드	1월 15일	4월 15일
5 라운드	3월 1일	5월 1일
6 라운드	4월 30일	롤링

· 지원 시기는 2019-20년 지원시기 기준이다.
· 매년 다소간의 변동이 발생할 수 있다.

제출시험

TEST 종류	제출 사항	권장점수
GMAT & GRE	GMAT 과 GRE 모두 제출가능	GMAT +640
TOEFL & IELTS	TOEFL 미니멈 96 Speaking 22, Listening 24, Reading 26, Writing 24 IELTS 미니멈 7 Speaking 6.5, Listening 7, Reading 7, Writing 7	TOEFL +96

- 시험정보는 2019-20년 지원시기 기준이다.
- 매년 다소간의 변동이 발생할 수 있다.
- GMAT의 경우 대부분의 프로그램이 미니멈을 두지 않는다. GMAT과 TOEFL 권장점수는 핀길윌리엄스가 그 동안의 한국인 지원자들의 점수를 토대로 제시한 것으로 지원자 별로 변동이 있을 수 있다.

Credit: FW

| 지원 에세이 정보

Required Essay

Why Smith? Why an MBA? Why now? Be sure to include your short-term and long-term career goals.
-Please limit your response to 300 words.

Optional Essay

Please use this essay to discuss anything additional about your candidacy that you have not yet shared in your application.

| *Finnguil Williams* 컨설팅의 합격조언

> 특별히 까다로운 에세이나 제출서류는 없으나 토플 미니멈 요건이 까다로운 편이다. 이 부분만 잘 해결이 된다면 대부분의 지원자들에게 문이 열려있는 학교로 생각된다.

Credit: FW

University of Miami (Herbert)
마이애미 대학교 – 허버트 경영대

운영형태	사립	경영대 설립	1929년
위치	플로리다 주, 마이애미 시	학비	연 $52,000
캠퍼스 환경	대도시	생활비	연 $28,000

합격 난이도
5

주요 기관 평가 *U.S. News* + *Forbes* + 기타
5

비슷한 명성과 수준의 *MBA* 프로그램

매사추세스–앰허스트(아이센버그 Isenberg),

베일러–핸캐머(Hankamer)

- 마이애미의 도시적 환경

  : 아무리 시대가 변했다고 하더라도 MBA는 도시적 환경이 유리한 것이 사실이다.

- 사립 경영대 MBA 중에서는 비교적 합리적인 편에 속하는 학비
- 오랜 역사의 경영대
 : 남부에서는 훌륭한 교육 수준을 자랑하는 경영대로 이름이 있다.
- 비교적 까다롭지 않은 합격

- 한국에는 높지 않은 프로그램 인지도
- 최근 하향보합세를 보이는 프로그램의 각종 MBA 순위

Credit: Darkflowerthree

지원시기

지원 라운드	원서제출 데드라인	합격자 발표
1 라운드	9월 1일 (봄 입학)	-
2 라운드	10월 15일 (봄 입학)	-
3 라운드	12월 1일 (봄 입학)	-
4 라운드	1월 15일 (가을 입학)	-
5 라운드	3월 1일 (가을 입학)	-
6 라운드	5월 1일 (가을 입학)	-

· 지원 시기는 2019-20년 지원시기 기준이다.
· 매년 다소간의 변동이 발생할 수 있다.

제출시험

TEST 종류	제출 사항	권장점수
GMAT & GRE	GMAT 과 GRE 모두 제출가능	GMAT +640
TOEFL & IELTS	TOEFL 미니멈 94 IELTS 미니멈 7	TOEFL +94

· 시험정보는 2019-20년 지원시기 기준이다.
· 매년 다소간의 변동이 발생할 수 있다.
· GMAT의 경우 대부분의 프로그램이 미니멈을 두지 않는다. GMAT과 TOEFL 권장점수는 핀길윌리엄스가 그 동안의 한국인 지원자들의 점수를 토대로 제시한 것으로 지원자 별로 변동이 있을 수 있다.

지원 에세이 정보

Personal statement – Discuss the reasons for applying to the Miami Herbert Business School and how this particular program fits into your personal, educational, and professional goals.

Finnguil Williams 컨설팅의 합격조언

> 지원에 특별히 어려운 사항은 없다. GMAT이나 토플 역시 다른 학교에 비하면 요구 수준이 높지 않음으로 이 부분에 약점이 있는 지원자에게 권할 만하다.

Credit: Public Domain

University of Michigan (Ross)
미시건 대학교 – 로스 경영대

```
운영형태    주립              경영대 설립   1924년
위치       미시건 주, 앤아버    학비        연 $73,000
캠퍼스 환경  중소도시           생활비       연 $25,000
```

| 합격 난이도

8

| 주요 기관 평가 *U.S. News* + *Forbes* + 기타

8

| 비슷한 명성과 수준의 *MBA* 프로그램

듀크-푸쿠아 Duke(Fuqua),
뉴욕대-스턴 NYU(Stern), 다트머스-터크 Dartmouth(Tuck)

- 21세기에 가장 급성장한 미국 경영대

  : 2004년 로스 경영대 동문으로 미국의 부동산 백만장자인 스티븐 M. 로스 Stephen M. Ross: 1940~ 가 미국 대학기부 역사상 손꼽

Credit: Dwight Burdette

히는 큰 금액을 기부하면서 발전의 획기적인 계기를 마련하였다. 이후 학교 건물이 신축되고 프로그램이 개편되는 등 급격한 변혁과 성장이 시작되었다.

- 풍부한 재정적 기반을 바탕으로 만들어진 새로운 시설과 학생 지원 시스템
- 미국 최고의 주립대의 MBA 프로그램

: 한국에도 그 명성이 꽤 잘 알려져 있다. 한국에서의 이미지 역시 굉장히 좋은 편이다.

- 우수한 생산라인 및 관리분야 커리큘럼

: 이 밖에도 마케팅이나 금융 분야도 상당히 우수한 교육을 제공한다.

- 각 분야의 영향력 있는 동문들
: 한국보다는 미국 동문 네트워크가 훨씬 두드러진다.

- 주립 MBA 중에서 가장 비싼 학비
: 사립 MBA와 금액 차이가 없다.
- 추운 겨울 날씨 환경
- 도시적 환경이기는 하지만 주요 경제중심지와 다소 떨어져 있는 지리적 위치

Credit: Public Domain

지원시기

지원 라운드	원서제출 데드라인	합격자 발표
1 라운드	9월 30일	12월 18일
2 라운드	1월 6일	3월 18일
3 라운드	3월 30일	5월 8일

· 지원 시기는 2019-20년 지원시기 기준이다.
· 매년 다소간의 변동이 발생할 수 있다.

제출시험

TEST 종류	제출 사항	권장점수
GMAT & GRE	GMAT 과 GRE 모두 제출가능	GMAT +700
TOEFL & IELTS	TOEFL 미니멈 100 IELTS 미니멈 7	TOEFL +105

· 시험정보는 2019-20년 지원시기 기준이다.
· 매년 다소간의 변동이 발생할 수 있다.
· GMAT의 경우 대부분의 프로그램이 미니멈을 두지 않는다. GMAT과 TOEFL 권장점수는 핀길윌리엄스가 그 동안의 한국인 지원자들의 점수를 토대로 제시한 것으로 지원자 별로 변동이 있을 수 있다.

지원 에세이 정보

Prompt:

Michigan Ross is a place where people from all backgrounds with different career goals can thrive. Please share your short-term career goal. Why is this career goal right for you? (300 words)

Optional statement

Is there something in your resume or application that could use some explanation? This is your chance to elaborate. You might want to discuss completion of supplemental coursework, employment gaps, academic issues, etc.

| *Finnguil Williams* 컨설팅의 합격조언

> 우수한 MBA 프로그램임에도 지원에 필요한 서류구성이 덜 까다로운 편이다. 지원 에세이도 평이한 편이고, 따로 까다로운 비디오 에세이를 요구하는 것도 아니다. GMAT 등 시험 성적을 잘 받아야 한다는 걸림돌이 있다는 것은 여전하나, 착실히 준비한 지원자라면 도전을 권장하고 싶은 좋은 학교이다.

Credit: Public Domain

University of Minnesota (Carlson)
미네소타 대학교 - 칼슨 경영대

운영형태 주립	경영대 설립 1919년
위치 미네소타 주, 미네아폴리스	학비 연 $53,000
캠퍼스 환경 대도시	생활비 연 $28,000

▍합격 난이도

6

▍주요 기관 평가 *U.S. News* + *Forbes* + 기타

7

▍비슷한 명성과 수준의 *MBA* 프로그램

피츠버그-카츠(Katz),

보스턴-퀘스트롬(Questrom), 펜스테이트 주립-스밀(Smeal)

: 오랜 역사를 지닌 경영대와 MBA 프로그램
- 미 전역에 널리 알려진 경영대의 인지도
- 대도시에 위치한 캠퍼스

- 한국에도 폭넓은 미네소타 대학교의 인지도
  : 과거 한국인들이 전통적으로 유학을 많이 가서 익숙한 학교 중 하나이다.

- 추운 날씨
  : 미국 명문대 중에서 가장 추운 곳에 위치한 학교 중 하나이다.
- 전체적으로 상승추세가 꺾인 MBA 프로그램의 각종 랭킹
  : 최근 전체적인 추세가 정체이거나 조금 후퇴한 측면이 있다.

Credit: John Lloyd

지원시기

지원 라운드	원서제출 데드라인	합격자 발표
1 라운드	11월 1일	12월 15일
2 라운드	12월 1일	2월 1일
3 라운드	2월 1일	3월 15일
4 라운드	4월 1일	5월 15일
5 라운드	6월 1일	6월 25일

· 지원 시기는 2019-20년 지원시기 기준이다.
· 매년 다소간의 변동이 발생할 수 있다.

제출시험

TEST 종류	제출 사항	권장점수
GMAT & GRE	GMAT 과 GRE 모두 제출가능	GMAT +660
TOEFL & IELTS	TOEFL 90이상 추천 IELTS 미니멈 7 (모든 섹션 6.5 이상)	TOEFL +95

· 시험정보는 2019-20년 지원시기 기준이다.
· 매년 다소간의 변동이 발생할 수 있다.
· GMAT의 경우 대부분의 프로그램이 미니멈을 두지 않는다. GMAT과 TOEFL 권장점수는 핀길윌리엄스가 그 동안의 한국인 지원자들의 점수를 토대로 제시한 것으로 지원자 별로 변동이 있을 수 있다.

지원 에세이 정보

Instruction

Your personal statement should be no more than 1200 words (3 pages), that address the following questions:

- Briefly describe your short-term and long-term career goals. Why are you choosing to pursue an MBA at this time in your career, and what are you hoping to accomplish by doing so?

- Why are you interested in pursuing an MBA at the Carlson School of Management? What do you feel makes you a strong candidate for the program?

- Do you have an enterprise program that you are currently interested in and why? What skills would you bring to this enterprise?

Video Essay

• The video essay is a required component of the application that provides candidates with an opportunity to show the admissions committee the authentic you. Think of this video essay as if you were answering an interview question with a member of our admissions committee.

• You will need to use a computer with camera and microphone capabilities. You will also need a strong internet connection for uploading the video. You will have the ability to test your technology before starting the video essay and submit a practice video essay.

• You can test your technology and run the practice simulation as many times as you wish to be comfortable with the format and technology. You will be able to review your practice video essay(s) and your recording(s) will not be saved beyond the testing phase and will never be reviewed.

• You can also practice responding to impromptu questions offline with a friend or colleague before completing the video essay portion of your application.
You will be prompted to click "Ready" once you are prepared to submit an official video essay. You will be asked one impromptu question from a bank of imaginative or behavioral questions selected by our admissions team.

• Two minutes (120 seconds) will be provided to prepare an answer and two minutes (120 seconds) to record an answer. Recording will automatically stop after two minutes. You are not required to use the full two minutes. If you have time remaining once complete with your response, click the "Stop Recording" button to end the recording.

• You will only be provided one attempt to record your official video essay.

• You will need a strong internet connection to upload the video.

Credit: Alexius Horatius

| *Finnguil Williams* 컨설팅의 합격조언

상당한 양의 에세이를 요구하고 있다. 불행 중 다행이라면 주제 자체가 까다롭지는 않기 때문에 다른 학교 에세이를 준비하는 과정에서 어느 정도 함께 준비할 수 있다는 점이다. 비디오 에세이의 경우에는 다른 학교와 마찬가지로 여러가지 시나리오와 가능성 있는 질문들에 대해 준비해놓고 연습하는 시간을 가져야 한다. 칼슨의 경우에는 다른 학교보다 더 긴 2분의 에세이를 요구하고 있어서 이에 맞추어 컨텐츠를 준비해야 하는 어려움이 있다.

University of North Carolina (Kenan-Flagler)
노스캐롤라이나 대학교 - 케넌플래글러 경영대

운영형태 주립	경영대 설립 1919년
위치 노스캐롤라이나 주, 채플힐	학비 연 $68,000
캠퍼스 환경 캠퍼스 타운	생활비 연 $28,000

▍합격 난이도

7

▍주요 기관 평가 *U.S. News* + *Forbes* + 기타

8

▍비슷한 명성과 수준의 *MBA* 프로그램

미시건-로스 (Ross),
UCLA-앤더슨 (Anderson), 텍사스-맥콤 (McCombs)

- 유서 있는 전통의 경영대
- 각종 기관에서 내려지는 높은 평가
  : 탑20 수준 이상의 평가를 받는다.

Credit: Pubic Domain

- 전체적으로 균형 잡힌 커리큘럼

- 낮은 한국 내 인지도

  : 실제 수준은 미국 최상급인데 한국에서의 인지도는 이에 미치지 못한다.

- 한국인 지원자들의 기대와는 달리 상당히 까다로운 합격

  : 합격 스텟이 생각이상으로 높다.

- 주립대 중에서는 다소 비싼 편에 속하는 학비

지원시기

지원 라운드	원서제출 데드라인	합격자 발표
얼리액션	10월 14일	12월 9일
2 라운드	1월 6일	3월 2일
3 라운드	3월 2일	4월 14일
4 라운드	4월 6일	5월 18일

· 지원 시기는 2019-20년 지원시기 기준이다.
· 매년 다소간의 변동이 발생할 수 있다.

제출시험

TEST 종류	제출 사항	권장점수
GMAT & GRE	GMAT 과 GRE 모두 제출가능	GMAT +690
TOEFL & IELTS	TOEFL 미니멈 85 IELTS 미니멈 7	TOEFL +100

· 시험정보는 2019-20년 지원시기 기준이다.
· 매년 다소간의 변동이 발생할 수 있다.
· GMAT의 경우 대부분의 프로그램이 미니멈을 두지 않는다. GMAT과 TOEFL 권장점수는 핀길윌리엄스가 그 동안의 한국인 지원자들의 점수를 토대로 제시한 것으로 지원자 별로 변동이 있을 수 있다.

Credit: Pubic Domain

지원 에세이 정보

Essay 1 is required.
Your response should be no longer than 500 words and should address the following questions:

• What are your immediate career goals?

• How will you benefit personally and professionally from earning an MBA at UNC Kenan-Flagler?

• As the business world continues to evolve, circumstances can change that can guide you in a different direction. Should your goals that you provided above not transpire, what other opportunities would you explore?

Essay 2 is also required.
Your response should be no longer than 250 words and should address one of the following questions:

• Option 1: What is one thing that we do not know about you that you want us to know?

• Option 2: Provide us an example of a time you were able to be creative with your work. What was exciting or difficult about it? Did you achieve the results you were looking for?

- Option 3: Tell us about a time when you felt or witnessed someone being marginalized. How did you feel? What did you take away from the experience and how has it encouraged you to be an inclusive leader?

The optional essay (for all applicants)

In 150 words or less, consider addressing any of the questions below:

If you have not completed coursework in the core business subjects (calculus, microeconomics, statistics, financial accounting), how will you prepare yourself?

What conditions caused you to experience inconsistent academics, gaps in work, or low standardized test scores?

How have you chosen your recommenders?

Note:

If you are re-applying to the program, we appreciate your continued interest in UNC Kenan-Flagler. We require a complete application in addition to a brief essay (100 words or less) that describes how your application differs from your previous submission and that alerts us to new test scores, a recent promotion, or other areas that demonstrate how you have strengthened your candidacy.

| *Finnguil Williams* 컨설팅의 합격조언

> 생각보다 합격이 까다로운 학교이다. 객관적인 스텟이 확보가 되지 않으면 합격이 어렵다. 에세이의 경우에는 다른 학교와 어느 정도 겹치는 측면이 있을 것으로 예상돼, 여러 학교에 골고루 지원하는 지원자의 경우에는 작성시간을 다소 절약할 수 있을 것으로 보인다.

Credit: Pubic Domain

University of Notre Dame (Mendoza)
노터데임 대학교 – 멘도자 경영대

운영형태 사립	경영대 설립 1921년
위치 인디애나 주, 노터데임	학비 연 $60,000
캠퍼스 환경 캠퍼스 타운	생활비 연 $26,000

| 합격 난이도

7

| 주요 기관 평가 *U.S. News* + *Forbes* + 기타

7

| 비슷한 명성과 수준의 *MBA* 프로그램

USC-마샬(Marshall), 라이스-존스(Jones), 밴더빌트-오웬(Owen)

- 미국에서 전국적인 명성을 지닌 명문 경영대
  : 학부 같은 경우는 각종 매체에서 매년 탑10안에 드는 순위를 보인다.
- 아름다운 캠퍼스

Credit: Public Domain

노터데임 대학교 - 멘도자 경영대

: 가을 캠퍼스의 전경은 미국에서 가장 아름다운 캠퍼스라 해도 틀림이 없다.
- 사립 중에서는 합리적인 학비
: 여전히 높기는 하지만 다른 사립 MBA와 비교하면 그래도 합리적이라 할 수 있다.

- 학부에 비해 다소 낮은 대학원 명성
- 도시환경과 동 떨어진 캠퍼스 위치
: 한국에서 기대하는 편의시설은 상당 부분 포기해야 하는 어려움이 있다.

| 지원시기

지원 라운드	원서제출 데드라인	합격자 발표
얼리 디시전	9월 17일	11월 1일
1 라운드	10월 15일	12월 13일
2 라운드	1월 7일	3월 13일
3 라운드	3월 17일 • 외국인 지원자는 2월까지 지원할 것을 강력권장	5월 1일
4 라운드	5월 1일	5월 22일
5 라운드	6월 15일	롤링

· 지원 시기는 2019-20년 지원시기 기준이다.
· 매년 다소간의 변동이 발생할 수 있다.

Credit: Public Domain

제출시험

TEST 종류	제출 사항	권장점수
GMAT & GRE	GMAT 과 GRE 모두 제출가능	GMAT +680
TOEFL & IELTS	TOEFL 미니멈 100 IELTS 미니멈 7	TOEFL +103

· 시험정보는 2019-20년 지원시기 기준이다.
· 매년 다소간의 변동이 발생할 수 있다.
· GMAT의 경우 대부분의 프로그램이 미니멈을 두지 않는다. GMAT과 TOEFL 권장점수는 핀길윌리엄스가 그 동안의 한국인 지원자들의 점수를 토대로 제시한 것으로 지원자 별로 변동이 있을 수 있다.

지원 에세이 정보

Statement of Purpose (100 words or less)

Please share your short term professional goals. What role does a Notre Dame MBA play in helping you achieve these goals?

Essay Option #1 (maximum of two pages)

Cardinal O'Hara established the Mendoza College of Business at Notre Dame in 1921, firmly committed to the idea that "the primary function of commerce is service to mankind". As the world economy continues to grow and change, how do you see business acting as a positive force in the world?

Essay Option #2 (maximum of two pages)

The University of Notre Dame was founded in 1842, by Father Edward Sorin, C.S.C, with a mission to become "one of the most powerful means for doing good in this country". In 1879, Father Sorin's vision for Notre Dame appeared to be at a sudden, abrupt end. A massive fire destroyed the building that housed virtually the entire University. Instead of giving up, Father Sorin interpreted the fire as a sign that he had dreamed too small, and decided to rebuild, bigger and better than ever. That Main Building still stands today, topped by the gleaming Golden Dome, not only as an iconic campus building, but as an ongoing symbol of perseverance and vision.

Tell us the story of a time in your own life or career when you had to overcome an obstacle, start over, or rebuild.

| *Finnguil Williams* 컨설팅의 합격조언

> 합격에 필요한 시험 점수가 생각 이상으로 높을 것이다. 미국 내에서는 명성이 높은 경영대라 내부적인 합격 기준이 엄격한 편이다. 동시에 에세이도 매우 까다로운 주제들을 내어놓고 있다. 다른 학교와는 차별화된 에세이 주제를 제시하는데, 이 경우 지원자들이 추가적으로 시간과 에너지를 투자해야 하기 때문에 상당히 힘들어진다. 특히 노터데임의 에세이 주제는 개별 에세이 주제 하나하나가 매우 까다롭다. 에세이 준비가 충분하지 않다는 판단이 든다면 얼리는 미루고 이후 라운드에 지원할 것을 추천한다.

University of Pittsburgh (Katz)
피츠버그 대학교 – 카츠 경영대학원

운영형태	주립	경영대 설립	1925년[1]
위치	펜실베니아 주, 피츠버그 시 근처	학비	연 $34,000
캠퍼스 환경	대도시	생활비	연 $25,000

[1] 카츠 경영대학원은 피츠버그 경영대 산하의 대학원으로, 경영대 자체는 1925년에 세워졌지만 대학원인 카츠는 1960년에 설립되었다.

▎합격 난이도

5

▎주요 기관 평가 *U.S. News* + *Forbes* + 기타

6

Credit: FW

비슷한 명성과 수준의 *MBA* 프로그램

> 위스콘신(Wisconsin),
> 보스턴-퀘스트롬(Qeustrom), 미네소타-칼슨(Carlson)

- 펜실베니아 주에서 가장 명문 주립대로 여겨지는 곳의 MBA
- 전통과 역사를 지닌 경영대
- 권위와 학문적 품격을 느끼게 하는 캠퍼스
 : 동부 주립대 중에서는 가장 근엄함을 느끼게 하는 캠퍼스이다.
- 싼 학비
 : 이보다 더 비용 부담이 적은 명문대 MBA는 흔치 않다.
- 한국에도 익히 알려져 있는 피츠버그 대학교의 명성

- 최근 들어 답보 상태인 MBA 순위
 : 각종 유력지에서 비슷하거나 약간 하락 곡선을 그리고 있다.

지원시기

지원 라운드	원서제출 데드라인	합격자 발표
1 라운드	10월 1일	12월 15일
2 라운드	12월 1일	2월 15일
3 라운드	2월 1일	4월 15일
4 라운드	4월 1일	5월 15일

- 지원 시기는 2019-20년 지원시기 기준이다.
- 매년 다소간의 변동이 발생할 수 있다.

제출시험

TEST 종류	제출 사항	권장점수
GMAT & GRE	GMAT 과 GRE 모두 제출가능	GMAT +610
TOEFL & IELTS	TOEFL 미니멈 100 IELTS 미니멈 7	TOEFL +100

- 시험정보는 2019-20년 지원시기 기준이다.
- 매년 다소간의 변동이 발생할 수 있다.
- GMAT의 경우 대부분의 프로그램이 미니멈을 두지 않는다. GMAT과 TOEFL 권장점수는 핀길윌리엄스가 그 동안의 한국인 지원자들의 점수를 토대로 제시한 것으로 지원자 별로 변동이 있을 수 있다.

지원 에세이 정보

Required Essay

In 250 words or less, tell us 1) your post-graduate career goal, 2) your skills (what you're really good at), and 3) your key accomplishments.

Credit: FW

Optional Essay

If there is specific background information that has not yet been addressed and should be considered for your application review, please use this essay to elaborate. If you are not currently employed nor enrolled in an academic program, please describe fully your present circumstances and include a description of any activities in which you are involved.

| *Finnguil Williams* 컨설팅의 합격조언

지원이 비교적 수월한 학교이다. 동부 펜실베이니아 주 최고 수준의 주립대임에도 불구하고 아주 높은 GMAT 점수가 필요하지 않을 것이라는 점이 합격을 상대적으로 수월하게 한다. 에세이 역시 지원자의 부담을 덜어주고 있다. 성실히 준비한 지원자라면 충분히 도전해 볼만한 프로그램이 될 것이다.

Credit: FW

University of Rochester (Simon)
로체스터 대학교 – 사이먼 경영대

운영형태	사립	경영대 설립	1958년
위치	뉴욕 주, 로체스터	학비	연 $49,000
캠퍼스 환경	중소도시	생활비	연 $27,000

합격 난이도

6

주요 기관 평가 *U.S. News* + *Forbes* + 기타

6

비슷한 명성과 수준의 *MBA* 프로그램

보스턴 칼리지-캐롤(Carroll), 펜실베니아 주립-스밀(Smeal)

- 탄탄한 커리큘럼
- 합리적인 학비
- 기품 있는 캠퍼스

- 뉴욕 주에 자리한 영향력 있는 동문들

- 대도시에 다소 떨어진 환경
- 학교의 명성에 비해 조금 낮은 경영대 인지도
- 한국에는 잘 알려지지 않은 학교 인지도

Credit: Public Domain

지원시기

지원 라운드	원서제출 데드라인	합격자 발표
1 라운드	10월 15일	12월 15일
2 라운드	1월 5일	3월 20일
3 라운드	2월 15일	4월 15일
4 라운드	3월 31일	5월 15일
5 라운드	5월 1일	6월 15일
6 라운드	6월 15일	7월 20일

- 지원 시기는 2019-20년 지원시기 기준이다.
- 매년 다소간의 변동이 발생할 수 있다.

제출시험

TEST 종류	제출 사항	권장점수
GMAT & GRE	GMAT 과 GRE 모두 제출가능	GMAT +660
TOEFL & IELTS	미니멈 없음	TOEFL +90

- 시험정보는 2019-20년 지원시기 기준이다.
- 매년 다소간의 변동이 발생할 수 있다.
- GMAT의 경우 대부분의 프로그램이 미니멈을 두지 않는다. GMAT과 TOEFL 권장점수는 핀길윌리엄스가 그 동안의 한국인 지원자들의 점수를 토대로 제시한 것으로 지원자 별로 변동이 있을 수 있다.

지원 에세이 정보

Essay 1

In 250–500 words total, respond to the following prompts:

• Describe your short-term and long-term goals for post MBA or post MS.

• Identify a back-up plan should your short-term goal not be immediately attainable.

• How does your past education and experience support your career objectives?

• What aspects of your intended Simon Business School program make it a good choice for your graduate study?

Essay 2

In 25 words or less, provide us with an interesting fact about yourself not expressed elsewhere in your application. (25 word limit)

Optional Essay

Share additional information you think is important in the evaluation of your application, including any concerns you think the Admissions Committee may have regarding your candidacy. (500 word limit)

Credit: Public Domain

Finnguil Williams 컨설팅의 합격조언

지원에 특별한 걸림돌은 없다. 에세이 수가 적은 것은 아니지만, 전체적으로 다른 학교와 주제가 겹치는 면이 있기에 다른 학교 지원을 충실하게 준비한 지원자는 어렵지 않게 지원할 수 있다. 미국 내에서 학교의 명성이 높은 학교이기에 가성비는 충분한 학교라고 할 수 있다.

University of Texas at Austin (McCombs)
텍사스 대학교, 오스틴 – 맥콤 경영대

운영형태	주립	경영대 설립	1922년
위치	텍사스 주, 오스틴 시	학비	연 $58,000
캠퍼스 환경	대도시	생활비	연 $24,000

| 합격 난이도

7

| 주요 기관 평가 *U.S. News* + *Forbes* + 기타

8

| 비슷한 명성과 수준의 MBA 프로그램

코넬–존슨 Cornell(Johnson), 다트머스–터크 Dartmouth(Tuck),
조지타운–맥도너 Georgetown(McDonough)

- 전통을 자랑하는 우수한 회계학 관련 커리큘럼
  : 그 외 부동산, 오퍼레이션 매니지먼트 등 전통적인 산업관련 커리큘럼이 확실히 우수하다.

- 텍사스의 주도 오스틴에 자리한 캠퍼스
 : 미국의 또 다른 문화의 남서부 문화의 중심지에서 다양한 경험을 할 수 있는 것은 물론, 댈러스를 비롯한 텍사스 내의 다른 도시에서도 수업을 들을 기회를 제공한다.
- 비교적 합리적인 학비
 : 생활비는 다소 들겠지만, 주립대 MBA 중에서도 비교적 합리적인 학비가 책정되어있다.
- 일 년 내내 춥지 않은 날씨
 : 물론 겨울에는 나름 기온이 내려가지만 혹한이라고 불릴만한 추위는 거의 없다고 보면 된다.

- 최신분야 커리큘럼이 아직 조금 부족하다.
 : 텍사스의 산업 특성상 IT 분야관련은 상대적으로 규모가 작다. 2,000년대 이후 재정적으로 공격적인 투자를 하면서 계속 성장하는 프로그램이기에 추후에는 더 좋아질 것으로 본다.
- 텍사스 문화의 특수성 때문에 느낄 수 있는 이질감
 : 상당히 남성적이고 독특한 문화로 미국 내에서도 다른 주와 확연히 다르다. 한국에서 일반적으로 기대하는 미국 문화와는 다소 거리가 있다. 사람마다 다르지만 인종차별 역시 없다고 말하기 어렵다. 물론 이 또한 좋은 경험이 될 수도 있다.
- 한국에 아직은 그렇게 높지 않은 경영대 인지도
 : 미국 내에서는 탑 20수준의 높은 경쟁력과 명성을 자랑한다.

지원시기

지원 라운드	원서제출 데드라인	합격자 발표
1 라운드	10월 8일	12월 17일
2 라운드	1월 7일	3월 26일
3 라운드	3월 31일	5월 7일

- 지원 시기는 2019-20년 지원시기 기준이다.
- 매년 다소간의 변동이 발생할 수 있다.

제출시험

TEST 종류	제출 사항	권장점수
GMAT & GRE	GMAT 과 GRE 모두 제출가능	GMAT +690
TOEFL & IELTS	미니멈 없음	TOEFL +100

- 시험정보는 2019-20년 지원시기 기준이다.
- 매년 다소간의 변동이 발생할 수 있다.
- GMAT의 경우 대부분의 프로그램이 미니멈을 두지 않는다. GMAT과 TOEFL 권장점수는 핀길윌리엄스가 그 동안의 한국인 지원자들의 점수를 토대로 제시한 것으로 지원자 별로 변동이 있을 수 있다.

Credit: Larry D. Moore

| 지원 에세이 정보

Prompt:

Please complete both essays below, as well as the optional statement if you would like to provide any further information regarding your application.

1. We will learn a lot about your professional background through your resume and letter of recommendation, but we want to get to know you further. Please introduce yourself. Select only one communication method for your response.

    a. Write an essay (250 words)
    b. Share a video introduction (one minute in length)

2. Picture yourself at graduation. Describe how you spent your time as a TexasMcCombs MBA to achieve your personal and professional goals.
500 words

Optional Statement:

Please provide any additional information you believe is important or address any areas of concern that you believe will be beneficial to MBA Admissionsi n considering your application. (e.g. gaps in work experience, choice of recommender, academic performance, or extenuating personal circumstances) (250 words)

| *Finnguil Williams* 컨설팅의 합격조언

아직은 한국인 지원자들이 크게 선호하는 학교는 아니지만 매우 우수한 수준의 커리큘럼을 제공하고, 미국 내에서는 명성이 높다. 따라서 미래를 보고 지원하는 현명한 지원자들의 도전이 기대된다. 에세이나 지원 사항이 아주 많이 까다롭지는 않지만 한 가지 조언을 하자면, 비디오 에세이를 낼 수 있다면 이를 제출하는 것이 더 유리할 수 있다는 것을 말해두고 싶다. 물론 영어로 말하는 것에 다소 자신이 없다면, 글로 대체하면 된다.

Credit: RG2

텍사스 대학교, 오스틴 - 맥콤 경영대

University of Texas at Dallas
텍사스 대학교, 댈러스

운영형태	주립	경영대 설립	1925년
위치	텍사스 주, 댈러스 시	학비	연 $40,000
캠퍼스 환경	대도시	생활비	연 $28,000

합격 난이도

6

주요 기관 평가 *U.S. News* + *Forbes* + 기타

6

비슷한 명성과 수준의 *MBA* 프로그램

조지아-테리(Terry), 럿거츠 Rutgers, 마이애미 University of Miami

- 학교를 대표하는 경영대
  : 이 학교가 가장 자랑하는 분야로 학교의 집중투자를 받고 있다.
- 전반적으로 우수한 커리큘럼
- 대도시인 댈러스의 편의시설

Credit: Domain

: 한인들도 많이 사는 도시이기 때문에 생활하는데 편리한 점이 많을 것이다.

- 깔끔하고 세련된 캠퍼스
- 놀라울 정도로 합리적인 학비

- 한국에는 아직 많이 낮은 인지도

| 지원시기

지원 라운드	원서제출 데드라인	합격자 발표
1 라운드	10월 15일	12월 15일
2 라운드	1월 15일	2월 20일
3 라운드	3월 1일	4월 15일
4 라운드	5월 1일	6월 15일

· 지원 시기는 2019-20년 지원시기 기준이다.
· 매년 다소간의 변동이 발생할 수 있다.

Credit: Domain

제출시험

TEST 종류	제출 사항	권장점수
GMAT & GRE	GMAT 과 GRE 모두 제출가능	GMAT +650
TOEFL & IELTS	TOEFL 미니멈 80 IELTS 미니멈 6.5	TOEFL +90

· 시험정보는 2019-20년 지원시기 기준이다.
· 매년 다소간의 변동이 발생할 수 있다.
· GMAT의 경우 대부분의 프로그램이 미니멈을 두지 않는다. GMAT과 TOEFL 권장점수는 핀길윌리엄스가 그 동안의 한국인 지원자들의 점수를 토대로 제시한 것으로 지원자 별로 변동이 있을 수 있다.

지원 에세이 정보

Please answer the following in 350-500 words. Please answer all sub-sections of each question.

Essay 1

Describe in detail a situation where your actions had a profound impact on others in an organization (school, place of employment, extracurricular activity). What personal attributes were most helpful in addressing this situation? Did this experience involve any self-realization or self-actualization?

Essay 2

Keeping in mind the ever changing landscape of the business realm, what is your strategy to ensure your personal success in this environment? Where do you see yourself in 5, 10 and 15 years from the completion of the UTD Cohort MBA Program? How will the Cohort MBA Program be instrumental in achieving your goals?

| *Finnguil Williams* 컨설팅의 합격조언

전체적인 스펙이 조금 부족하지만 좋은 MBA를 찾는 지원자들, 또한 경제적인 이유로 비용이 적게 들면서 우수한 교육을 제공하는 MBA를 찾는 지원자들에게 가뭄에 단비와 같은 학교이다. 지원이 마냥 쉽지는 않지만, 적어도 다른 학교보다 힘들지는 않기 때문에 성실히 준비한 이런 지원자들에게 적극적으로 추천한다. 학비, 교육수준, 생활환경 모두 좋은 점수를 주고 싶은 학교이다.

University of Virginia (Darden)
버지니아 대학교 – 다든 경영대

운영형태	주립	경영대 설립	1955년
위치	버지니아 주, 샬롯츠빌	학비	연 $74,000
캠퍼스 환경	전원적 캠퍼스	생활비	연 $29,000

| 합격 난이도

9

| 주요 기관 평가 *U.S. News* + *Forbes* + 기타

8

| 비슷한 명성과 수준의 *MBA* 프로그램

UCLA–앤더슨(Anderson),

텍사스–맥콤(McCombs), 에모리–고이주에타(Goizueta)

- 각종 기관에서 높은 평가를 받는 명문 MBA 프로그램
  : 버지니아 대학교 학교 자체도 주립 명문이라 이런 면에서 상당히 만족스럽다.

- 우수한 마케팅 및 컨설팅 관련 커리큘럼과 STEM 관련 교육
- 아름다운 캠퍼스
 : 특히 가을에 매우 아름답다.
- 남부에서 가장 오래된 MBA의 전통

- 많이 까다로운 합격
 : 한국인 지원자에게 인기가 아주 높지 않은 학교인데, 합격은 기대 이상으로 까다로워 지원을 포기하는 지원자들이 많다.
- 시골 한 복판에 떨어져 있는 캠퍼스
 : 인턴쉽을 하려면 아예 멀리 나가야 함으로 여러 가지 면에서 불편한 면이 있다.
- 한국에서 상대적으로 낮은 인지도

Credit: Public Domain

지원시기

지원 라운드	원서제출 데드라인	합격자 발표
1 라운드	10월 4일	12월 11일
2 라운드	1월 6일	3월 18일
3 라운드	4월 6일	5월 6일

· 지원 시기는 2019-20년 지원시기 기준이다.
· 매년 다소간의 변동이 발생할 수 있다.

제출시험

TEST 종류	제출 사항	권장점수
GMAT & GRE	GMAT 과 GRE 모두 제출가능	GMAT +710
TOEFL & IELTS	TOEFL 106이상 권장 혹은 이에 상응하는 IELTS	TOEFL +110

· 시험정보는 2019-20년 지원시기 기준이다.
· 매년 다소간의 변동이 발생할 수 있다.
· GMAT의 경우 대부분의 프로그램이 미니멈을 두지 않는다. GMAT과 TOEFL 권장점수는 핀길윌리엄스가 그 동안의 한국인 지원자들의 점수를 토대로 제시한 것으로 지원자 별로 변동이 있을 수 있다.

지원 에세이 정보

1.

Darden strives to identify and cultivate responsible leaders who follow their purpose. Please provide an example of a situation in which you have made a meaningful impact. (200 words)

2.

Diversity and inclusion are critical to our mission, and they work best when they are an integral and celebrated part of our community. Read University of Virginia's Diversity & Inclusion Vision Statement. Share a time in which you engaged with a perspective, identity, community or experience that was different from your own and how it impacted your worldview. (200 words)

3.

The Batten Foundation Worldwide Scholarship provides all Darden students in our full-time MBA program with an opportunity to participate in a Darden Worldwide Course. If you could choose any location in the world, where would you want to travel, and why? (50 words)

4.

Tell us what you would want your learning team to know about you – personally, professionally, or both? (100 words)

5.

What is your short-term, post-MBA goal and why? (150 words)

Finnguil Williams 컨설팅의 합격조언

한국인 지원자들이 생각하는 것 이상으로 합격이 까다로운 MBA 프로그램이다. 높은 GMAT 점수와 TOEFL 점수는 물론 써야하는 에세이 수도 적지 않다. 특별히 어떤 부분이 합격에 걸림돌이 된다고 하기 보다는, 지원자에 대한 전반적인 기대치가 높아 합격이 어려운 학교라고 할 수 있다. 다만 합격만 한다면 남부의 최고 엘리트들과 함께 수업하는 기회를 누리게 될 것이고, 미 전역에서도 인지도가 높은 프로그램임으로 후회 없는 선택이 될 것이다.

Credit: Public Domain

Credit: Public Domain

University of Washington (Foster)
워싱턴 대학교, 시애틀 - 포스터 경영대

운영형태	주립	경영대 설립	1917년
위치	워싱턴 주, 시애틀	학비	연 $53,000
캠퍼스 환경	대도시	생활비	연 $31,000

합격 난이도
7

주요 기관 평가 *U.S. News* + *Forbes* + 기타
7

비슷한 명성과 수준의 *MBA* 프로그램

미네소타-칼슨(Carlson),

위스콘신(Wisconsin), 펜실베니아 주립-스밀(Smeal)

- 경영대의 우수한 학문적 명성
- 서부 문화의 중심지 시애틀에 자리한 캠퍼스
- 상당히 합리적인 학비

- 인종차별에서 가장 자유로운 도시인 시애틀
- 아름다운 캠퍼스

- 경영대 자체의 학문적 명성에 비해 조금 떨어지는 MBA 인지도
- 경우에 따라 다소 올라갈 수 있는 생활비
  : 기본 생활비가 워낙 비싼 도시이기 때문에 좋은 집과 생활환경을 선호하는 지원자들은 생각 이상으로 비싼 생활비를 감수해야 한다.

Credit: Public Domain

지원시기

지원 라운드	원서제출 데드라인	합격자 발표
1 라운드	10월 8일	12월 20일
2 라운드	1월 8일	3월 31일
3 라운드	3월 17일	5월 22일
4 라운드	5월 19일	7월 10일

· 지원 시기는 2019-20년 지원시기 기준이다.
· 매년 다소간의 변동이 발생할 수 있다.

제출시험

TEST 종류	제출 사항	권장점수
GMAT & GRE	GMAT 과 GRE 모두 제출가능	GMAT +680
TOEFL & IELTS	TOEFL 미니멈 100 IELTS 받지 않음	TOEFL +100

· 시험정보는 2019-20년 지원시기 기준이다.
· 매년 다소간의 변동이 발생할 수 있다.
· GMAT의 경우 대부분의 프로그램이 미니멈을 두지 않는다. GMAT과 TOEFL 권장점수는 핀길윌리엄스가 그 동안의 한국인 지원자들의 점수를 토대로 제시한 것으로 지원자 별로 변동이 있을 수 있다.

지원 에세이 정보

Note: Two essays are required and must be uploaded to your online application. The optional essay allows you to tell us more about yourself or explain an area of potential concern.

Essay 1: Post-MBA Plans (750 words maximum)

Tell us your ideas about what lies ahead for you in your career. What are the gaps or deficiencies currently preventing you from pursuing these potential career paths? How do you plan to use your time in the Foster MBA program to fill these gaps and advance your career?

Essay 2: Inspiring Experience Essay (500 words maximum)

Tell us about an experience that inspired or confirmed your decision to pursue the MBA.

Essay 3: Optional essay (500 words maximum)

Include this essay if you have additional information you believe would be helpful to the admissions committee in considering your application.

Video Interview

All applicants will be asked to submit a video interview, and will receive an email within 3-4 business days after the application deadline to which they applied with instructions on recording the video interview. The video interview allows us to get to know you better and to assess your communication skills and your ability to think on your feet as we review your application and consider your candidacy.

Once applicants receive the video interview invitation via e-mail, they will have approximately 4-6 days to complete this requirement. The email will provide instructions on recording the video interview. Applicants can test their video and sound before recording their video interview, answer practice video interview questions, and ask for technical support if needed within the video interview system. The email instructions will include the deadline to submit the video interview, and applicants must complete this requirement in order for their application to remain under review.

The video interview must be submitted in order for the application to be reviewed. Applicants will be contacted if they are selected for an admissions interview later in the application review process.

Finnguil Williams 컨설팅의 합격조언

한국인 등 동양인 지원자를 선호하는 학교이기 때문에 적극 권장하고 싶다. GMAT 점수가 생각 이상으로 높다는 점, 토플 미니멈 역시 높다는 점 등등 지원에 몇 가지 걸림돌이 있지만, 다행히 에세이는 아주 많이 까다롭지 않다. 다만 비디오 에세이에 해당하는 비디오 인터뷰를 얼마나 잘 치루냐에 최종적인 합격이 달려있다고 생각하면 좋을 것이다. 따라서 이에 대한 철저한 준비가 필요하다.

Credit: Sage Ross

University of Wisconsin, Madison
위스콘신 대학교, 매디슨

운영형태	주립	경영대 설립	1900년
위치	위스콘신 주, 매디슨	학비	연 $44,000
캠퍼스 환경	중소도시	생활비	연 $27,000

▍합격 난이도

6

▍주요 기관 평가 *U.S. News* + *Forbes* + 기타

7

▍비슷한 명성과 수준의 *MBA* 프로그램

미네소타-칼슨(Carlson),
워싱턴-포스터 University of Washington, Seattle (Foster)

- 명문 주립대의 MBA 프로그램
 : 기본적인 인지도와 명성이 보장된다.
- 주립 중에서도 아주 합리적인 학비

: 명문대 MBA 프로그램 중에서 가장 싼 편에 속한다.
- 한국에 잘 알려진 학교의 명성

- 학교의 명성에 비해 떨어지는 미국 내 MBA 인지도
- 오랜 역사에 비해 약한 동문 인지도

Credit: Public Domain

지원시기

지원 라운드	원서제출 데드라인	합격자 발표
얼리 디시젼	9월 25일	11월 1일
1 라운드	11월 1일	12월 20일
2 라운드	1월 10일	3월 6일
3 라운드	3월 1일	4월 24일
4 라운드	4월 27일	6월 5일
5 라운드	7월 1일	롤링

- 지원 시기는 2019-20년 지원시기 기준이다.
- 매년 다소간의 변동이 발생할 수 있다.

제출시험

TEST 종류	제출 사항	권장점수
GMAT & GRE	GMAT 과 GRE 모두 제출가능	GMAT +660
TOEFL & IELTS	TOEFL 미니멈 100 IELTS 미니멈 7.5	TOEFL +100

- 시험정보는 2019-20년 지원시기 기준이다.
- 매년 다소간의 변동이 발생할 수 있다.
- GMAT의 경우 대부분의 프로그램이 미니멈을 두지 않는다. GMAT과 TOEFL 권장점수는 핀길윌리엄스가 그 동안의 한국인 지원자들의 점수를 토대로 제시한 것으로 지원자 별로 변동이 있을 수 있다.

지원 에세이 정보

Essay Option 1:
Questions for applicants choosing a specialization at the time of admission

• Required Essay Questions

The short answer questions are required, and are an opportunity for you to share more information about your career goals. Please answer the questions in full.

If you are selecting your specialization of choice at the time of admission, answer the following two questions:

1. Why have you selected your specialization of choice? What actions have you taken to better understand your intended specialization?

2. What are your career goals immediately following the completion of your degree? In the event that your career goals change or shift from your original intentions, what is your alternative plan?

Essay Option 2:
Questions for applicants who are still exploring specializations

• Required Essay Questions

The short answer questions are required, and are an opportunity for you to share more information about your career goals. Please answer the questions in full.

If you are finalizing your specialization of choice during your first semester, answer the following two questions:

1. Tell us about your career aspirations. What are your reasons for pursuing the MBA at this time, and how is the Wisconsin Full-Time MBA Program uniquely positioned to help you to achieve your goals?

2. Transferable skills help employers to understand how you will transition from the work you've done to the work you will be doing in the future. What three transferable skills do you think will be of importance for your future career and why?

Recommended Essay

The recommended essay is an opportunity to share more of your unique experiences with the Admissions Committee; it is not required to submit your application. Please choose one of the prompts below, and answer the question in full. You may discuss personal or professional examples; however, if you choose to speak about a personal experience please discuss the impact that experience has had on your professional life. Also, please indicate at the top of your essay which prompt you have chosen to answer.

1. Tell us about a time you stepped out of your comfort zone. What did you learn about yourself and how have you used

that knowledge since?

2.Tell us about a time you demonstrated leadership in a way that made an enduring impact. What did you learn about your strengths and weaknesses as a leader from that experience?

3.Tell us about a significant obstacle you have encountered and its impact. What did you learn about your ability to persevere and successfully face challenges head-on?

4.Tell us about a time when your opinion evolved through conversations with others. How did you use this experience to adjust the way you work when a part of a team environment?

Optional Essay

Please use this optional essay to communicate additional information about yourself that is not otherwise represented in the application and that you feel would benefit the admissions committee.

Finnguil Williams 컨설팅의 합격조언

에세이의 양이 상당하다. 필수 에세이는 물론 추천사항으로 남겨져 있는 에세이까지 모두 작성할 것을 권한다. 성적이 아주 우수한 지원자가 아니라면, 가능하면 제출해야 하는 에세이는 모두 제출하는 것이 조금이라도 합격 확률을 끌어올려 줄 것이다. 비디오 에세이는 없지만 어차피 이는 나중에 인터뷰를 통해 비슷한 과정을 밟아야 하기 때문에 다른 학교에 제출할 비디오 에세이 연습을 하고 있다면, 이를 꾸준히 인터뷰 때까지 이어갈 필요가 있다.

Credit: Public Domain

위스콘신 대학교, 매디슨

UPenn (Wharton)
유펜 – 와튼스쿨

운영형태	사립	경영대 설립	1881년
위치	펜실베이니아 주, 필라델피아 시	학비	연 $76,000
캠퍼스 환경	대도시	생활비	연 $33,000

▌합격 난이도

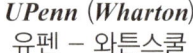

▌주요 기관 평가 *U.S. News* + *Forbes* + 기타

▌비슷한 명성과 수준의 *MBA* 프로그램

하버드 Harvard, 스탠포드 Stanford, MIT (슬로안 Sloan)

Credit: FW

Credit: FW

- 하버드와 더불어 세계에서 가장 유명한 MBA

: 유펜을 대표하는 것이 와튼스쿨이고 와튼스쿨이 바로 유펜이라는 말이 있을 정도이다.

- 와튼을 졸업한 세계적인 동문들

: 미국 45대 대통령 도널드 트럼프 Donald Trump, 학부, 세계 최고의 투자자 워렌 버핏 Warren Buffett, 학부 중퇴, 혁신적인 기업인으로 유명한 엘론 머스크 Elon Musk, 학부 등 이름만 들어도 어마어마한 동문 리스트를 보유하고 있다. 한국에서는 의사, 기업가이자 정치인인 안철수(유펜 공학석사와 와튼 MBA)가 대표적인 동문이다.

Credit: FW

- 다양한 이중 전공기회들
: 유펜 내의 다른 전공은 물론 존스 홉킨스나 하버드의 케네디 스쿨 등과의 연계 프로그램을 많이 운영하고 있다.

- 미국 역사의 중심 필라델피아
: 지금은 쇠락했지만, 역사 문화적 유산이 찬란한 필라델피아에서 미국의 인문학적 자산을 흡수할 수 있다. 뉴욕 혹은 워싱턴 D.C.의 중간에 위치한 지리적 이점도 무시할 수 없다.

- 극악의 학비와 생활비
: 미국 MBA 프로그램 중에 가장 비싼 편이다.

- 너무 어려운 합격
: 하버드나 스탠포드 등과 마찬가지로 흠결이 없어야 합격할 수 있다.

- 다소 척박한 생활환경
: 필라델피아의 치안 상황이 아주 좋은 편은 아니기 때문에 다소 주의해야 한다.

지원시기

지원 라운드	원서제출 데드라인	합격자 발표
1 라운드	9월 17일	12월 18일
2 라운드	1월 7일	3월 26일
3 라운드	4월 15일	5월 중

· 지원 시기는 2019-20년 지원시기 기준이다.
· 매년 다소간의 변동이 발생할 수 있다.

Credit: FW

제출시험

TEST 종류	제출 사항	권장점수
GMAT & GRE	GMAT 과 GRE 모두 제출가능	GMAT +740
TOEFL & IELTS	TOEFL 미니멈 없음 IELTS 미니멈 없음	TOEFL +115

- 시험정보는 2019-20년 지원시기 기준이다.
- 매년 다소간의 변동이 발생할 수 있다.
- GMAT의 경우 대부분의 프로그램이 미니멈을 두지 않는다. GMAT과 TOEFL 권장점수는 펜길윌리엄스가 그 동안의 한국인 지원자들의 점수를 토대로 제시한 것으로 지원자 별로 변동이 있을 수 있다.

지원 에세이 정보

Essay 1: What do you hope to gain professionally from the Wharton MBA? (500 words)

Essay 2: Describe an impactful experience or accomplishment that is not reflected elsewhere in your application. How will you use what you learned through that experience to contribute to the Wharton community? (400 words)

Additional Question (재지원인 경우는 필수):

•Explain how you have reflected on the previous decision about your application, and discuss any updates to your candidacy (e.g., changes in your professional life, additional coursework, extracurricular/volunteer engagements). (250 words)*

→ 처음으로 지원하는 지원자들은 이 질문을 자신의 상황을 자유롭게 추가로 설명하는 기회로 사용할 수 있다.

Credit: FW

| *Finnguil Williams* 컨설팅의 합격조언

　의사이자 기업가 출신 정치인 안철수 씨가 졸업한 이후로 한국에 특히 더 유명해졌다. 미국 도널드 트럼프 대통령이 뉴욕에 있는 포덤 대학교 Fordham University를 중퇴한 후 이곳으로 편입해서 학사를 받은 것으로도 유명하다. 아무튼 워낙 유명한 동문들이 많아 이제 한국에서도 굉장히 유명해졌다. 이런 이유 때문에 졸업 후 한국에서의 인지도도 하버드에 전혀 밀리지 않는다고 할 수 있다.

　같은 이유로 한국인 지원자들이 워낙 선호하는 학교이기 때문에 합격이 대단히 어렵다. 완벽한 준비를 해도 합격이 보장되지 않는다. 미국에서 가장 들어가기 힘든 MBA 프로그램이다. 5년 이상의 커리어를 필수로 권장하고 싶다. 또한 커리어 중간에 가능하면 공백기를 두지 않도록 주의할 필요가 있다. GMAT 점수가 아무리 중요하다 해도 가능하면 공백기를 두지 않고 회사 생활과 함께 준비할 것을 권한다.

USC (Marshall)
서던 캘리포니아 대학교 - 마샬 경영대

운영형태 사립	경영대 설립 1920년
위치 캘리포니아 주, 로스앤젤레스 시	학비 연 $60,000
캠퍼스 환경 대도시	생활비 연 $35,000

▌합격 난이도

7

▌주요 기관 평가 *U.S. News* + *Forbes* + 기타

7

▌비슷한 명성과 수준의 *MBA* 프로그램

카네기 멜론-테퍼 Carnegie Mellon (Tepper),

에모리-고이스웨타 Emory (Goizueta)

- 서부 경제의 중심지 LA 시에 자리한 캠퍼스 위치

  : MBA는 역시 대도시에서 하는 것이 더 많은 것들을 보고 배울 수 있다는 점을 무시할 수 없다.

- 동양인을 선호하는 학교의 특성
: 동양인에게 호의적인 학교인데다가 학비가 워낙 비싸 경제적으로 부유한 동양인이라면 합격 확률이 상승할 가능성이 충분하다.
- 미국 전역에 유명한 마샬 경영대의 명성
: 학부에 비해 대학원의 명성이 조금 떨어지기는 하지만 여전히 미국 전역에서 가장 우수한 평을 받는 경영대 중 하나이다.
- 우수한 마케팅 커리큘럼
: 물론 이 뿐만이 아니라 전체적인 커리큘럼이 매우 우수하다.
- 사립대 중에서는 합리적인 학비

Credit: Domain

- 한국에서는 크게 선호하지 않는 서부 캘리포니아에 위치한 학교

 : 아무래도 미국에서 제일 큰 한인타운이 있고, 캘리포니아가 지닌 특수성이 있기 때문에 미국 동부에서 유학을 하고 싶은 지원자들에게는 꺼려질 수도 있다.

지원시기

지원 라운드	원서제출 데드라인	합격자 발표
1 라운드	10월 15일	12월 31일
2 라운드	1월 5일	3월 15일
3 라운드	2월 28일	4월 15일
4 라운드	6월 1일	6월 15일

· 지원 시기는 2019-20년 지원시기 기준이다.
· 매년 다소간의 변동이 발생할 수 있다.

제출시험

TEST 종류	제출 사항	권장점수
GMAT & GRE	GMAT 과 GRE 모두 제출가능	GMAT +690
TOEFL & IELTS	미니멈 없음	TOEFL +100

· 시험정보는 2019-20년 지원시기 기준이다.
· 매년 다소간의 변동이 발생할 수 있다.
· GMAT의 경우 대부분의 프로그램이 미니멈을 두지 않는다. GMAT과 TOEFL 권장점수는 핀길윌리엄스가 그 동안의 한국인 지원자들의 점수를 토대로 제시한 것으로 지원자 별로 변동이 있을 수 있다.

지원 에세이 정보

Essay #1 (Required):
What is your specific, immediate short-term career goal upon completion of your MBA? Please include an intended position, function, and industry in your response. (word limit: 100)

•***Essay #2 (Required):***
Please draft a letter that begins with "Dear Admissions Committee" (word limit: 600)

•This letter is meant to be your personal statement that provides the Admissions Committee with an understanding of your candidacy for Marshall beyond what is evident in other parts of your application. This essay is purposely open-ended. You are free to express yourself in whatever way you see fit. Our goal is to have an appreciation for and an understanding of each candidate in ways that are not captured by test scores, grades, and resumes.

•***Essay #3 (Optional):***
Please provide any additional information you would like the admissions committee to consider. (word limit: 250)

| *Finnguil Williams* 컨설팅의 합격조언

단언컨대 합격에 가장 큰 영향을 주는 요소는 에세이가 될 것이다. USC와 같이 특수한 에세이 작성조건을 내건 학교들은 이런 에세이 주제에 있어 합격에 상당한 비중을 두고 있다. 제시된 에세이 중에는 2번 에세이가 이런 경우인데 다른 학교와는 상당히 다른 포맷의 에세이이다. 이 에세이에 최대한 공을 들이라고 조언한다.

Credit: Public Domain

Vanderbilt University (Owen)
밴더빌트 대학교 - 오웬 경영대

운영형태	사립	경영대 설립	1969년
위치	테네시 주, 내쉬빌 시	학비	연 $60,000
캠퍼스 환경	대도시	생활비	연 $28,000

| 합격 난이도

7

| 주요 기관 평가 *U.S. News* + *Forbes* + 기타

8

| 비슷한 명성과 수준의 *MBA* 프로그램

조지아텍-쉘러(Scheller),
라이스-존스(Jones), 에모리-고이스웨타(Goizueta)

- 전반적으로 우수한 커리큘럼
- 헬스케어 관련 MBA를 제공하는 특화된 프로그램
  : 관련 분야의 지원자들에게 적극 권하고 싶은 학교이다.

Credit: FW

- 사립인 것을 감안하면 굉장히 합리적인 학비
- 미국 내에서 계속 상승하고 있는 경영대의 인지도
- 도시 내에 위치하여 편리한 생활환경

- 다양성이 떨어지는 문화적 환경
 : 내쉬빌은 다소 백인 중심적인 문화권에 인종차별도 없다고는 할 수 없다.
- 한국에서는 아직 높지 않은 MBA 인지도

지원시기

지원 라운드	원서제출 데드라인	합격자 발표
1 라운드	10월 14일	12월 13일
2 라운드	1월 6일	3월 27일
3 라운드	4월 6일	4월 26일

- 지원 시기는 2019-20년 지원시기 기준이다.
- 매년 다소간의 변동이 발생할 수 있다.

제출시험

TEST 종류	제출 사항	권장점수
GMAT & GRE	GMAT 과 GRE 모두 제출가능	GMAT +680
TOEFL & IELTS	TOEFL 미니멈 100 IELTS 미니멈 7	TOEFL +100

- 시험정보는 2019-20년 지원시기 기준이다.
- 매년 다소간의 변동이 발생할 수 있다.
- GMAT의 경우 대부분의 프로그램이 미니멈을 두지 않는다. GMAT과 TOEFL 권장점수는 핀길윌리엄스가 그 동안의 한국인 지원자들의 점수를 토대로 제시한 것으로 지원자 별로 변동이 있을 수 있다.

지원 에세이 정보

Statements (분량제한 없음)

While business school is a time for exploration, we do expect you to have a strong sense about why you want an MBA and what you hope to do once you graduate. Applying to business school is an introspective process, and we want to make sure you have a good sense for what you want from a program, where you hope it will lead you and why Owen is well suited to help you attain your goals. In addition, you should understand what skills you possess that will be transferable to another job or industry. That is the purpose of each of your explanatory statement.

Optional Statement

If necessary, you may provide an additional statement to explain poor academic performance, weak test scores, significant gaps in full-time employment, lack of recommendation from your current or most recent supervisor, academic misconduct or anything else that you think is important for the Admissions Committee to know about you that is not already addressed elsewhere in your application. Please use the Optional Essay space in the online application.

Video Essay

The video essay is a required component of the online application. Our goal in asking you for a short video essay is to be able to get a glimpse of the authentic you, speaking without a script. The video questions are easy to answer and you should not be nervous about this. You will have time to prepare and to record your answer. Just follow the instructions on the application.

| *Finnguil Williams* 컨설팅의 합격조언

특별히 까다로운 지원요건은 없으나 최근 강화되고 있는 비디오 에세이가 있다는 것이 고비가 될 것으로 보인다. 비디오 에세이는 외국인 지원자의 경우, 영어로 얼마나 자연스럽고 훌륭하게 말할 수 있는 있는 지를 테스트하는 성격이 강함으로 준비를 철저히 해야 한다. 다양한 상황에 대처하기 위해 카메라 녹화부터 여러 가지 측면을 고려하여 준비해야 할 것이다.

Credit: FW

Credit: FW

Washington University in St. Louis (Olin)
워싱턴 대학교, 세인트루이스 – 올린 경영대

운영형태　사립	경영대 설립　1917년
위치　미주리 주, 세인트루이스 시	학비　연 $67,000
캠퍼스 환경　대도시	생활비　연 $30,000

합격 난이도

7

주요 기관 평가 *U.S. News* + *Forbes* + 기타

8

Credit: Public Domain

비슷한 명성과 수준의 *MBA* 프로그램

> 밴더빌티–오웬(Owen),
> 라이스–존스(Jones), 노터데임–멘도자(Mendoza)

- 중부 명문대에서 운영하는 MBA 프로그램
- 50%에 달하는 여학생 비율
 : 여성 지원자들에게 상당히 매력적인 학교이다.
- 경영대의 글로벌화 노력
 : MBA 첫 학기에 미국 내 다른 지역과 유럽의 다른 학교에서 글로벌 경험을 쌓는 커리큘럼을 운영하고 있다.
- 사립대 중에서는 비교적 합리적인 학비

- 지역적으로 경제중심지에서 멀리 떨어진 위치
- 한국 내에서는 아직 그렇게 높지 않은 MBA 인지도

지원시기

지원 라운드	원서제출 데드라인	합격자 발표
1 라운드	10월 10일	12월 17일
2 라운드	1월 15일	3월 10일
3 라운드	3월 18일	4월 28일

- 지원 시기는 2019-20년 지원시기 기준이다.
- 매년 다소간의 변동이 발생할 수 있다.

제출시험

TEST 종류	제출 사항	권장점수
GMAT & GRE	GMAT 과 GRE 모두 제출가능	GMAT +680
TOEFL & IELTS	미니멈 없음	TOEFL +100

- 시험정보는 2019-20년 지원시기 기준이다.
- 매년 다소간의 변동이 발생할 수 있다.
- GMAT의 경우 대부분의 프로그램이 미니멈을 두지 않는다. GMAT과 TOEFL 권장점수는 핀길윌리엄스가 그 동안의 한국인 지원자들의 점수를 토대로 제시한 것으로 지원자 별로 변동이 있을 수 있다.

Credit: Public Domain

| 지원 에세이 정보

1.

At WashU Olin we champion better decision-making among leaders who will change the world, for good. We believe the thing that makes you different makes you valuable. Share with us what you believe makes you different and makes you a valuable addition to our community focused on change for good. (350-word maximum)

2.

In our full-time MBA program, the Global Immersion will be your first hands-on experience, shaping your perspective and appreciation for differences. Through the immersion, you will change. You will become more nimble, mobile, and global. Knowing plans may change then, and throughout the program, share with us what your personal and professional goals are for life post-MBA. How do you anticipate Olin will help you achieve these goals? (500-word maximum)

3.

We appreciate the value diverse backgrounds bring to WashU Olin. We strive to create a community of inclusion, respect, and collaboration so that each person's value can be fully recognized and realized. Please share with us some of your personal story. This can be passions, hobbies, interests, fun facts, memorable moments, and/or noteworthy achievements.

We want to know you by name and by story.(suggested 100-word maximum)

4.

Optional: Is there anything else you'd like to share? If so, please provide any additional information not previously addressed in the application that would help the Admissions Committee assess your candidacy.(250-word maximum)

Application Interview Video

Applicants to the Full-Time MBA program must submit a video interview as part of the application process. Once you enter your recommender in the application portal, and save the application, a unique URL link will be sent to your email address with instructions outlining the video submission process.

Finnguil Williams 컨설팅의 합격조언

합격에 가장 큰 고비는 무엇보다 에세이가 될 것이다. 써야 하는 에세이의 수가 많은 편이고 비디오 인터뷰(사실상 비디오 에세이)를 제출해야 한다. 다행인 것은 에세이 주제가 다른 학교 주제와 상당 부분 겹치기 때문에 미리미리 준비하면 큰 문제는 없을 것이라는 점이다. MBA 프로그램이 여성지원자를 선호하기 때문에 한국인 여성지원자들에게 특히 권하고 싶은 학교이다.

Credit: Public Domain

Yale University
예일 대학교

운영형태	사립	경영대 설립	1976년
위치	커네티컷 주, 뉴헤이븐 시	학비	연 $78,000
캠퍼스 환경	중소도시	생활비	연 $28,000

| 합격 난이도

9

| 주요 기관 평가 *U.S. News* + *Forbes* + 기타

9

| 비슷한 명성과 수준의 *MBA* 프로그램

시카고 University of Chicago (Booth),
컬럼비아 Columbia, 노스웨스턴 Northwestern (Kellogg)

- 세계적인 명문대 예일 대학교의 MBA 프로그램
  : 아마 대부분의 한국인 지원자는 이점에 끌려서 지원하고자 할 것이다.

Credit: Public Domain

- 하버드나 와튼스쿨에 비하면 아직까지는 아주 조금 느슨한 입학기준

  : 단, 비교 대상이 세계최고의 MBA 프로그램들이라는 것을 잊어서는 안 된다.

- 헬스케어, 리더쉽, 행동조직, 글로벌 네트워크 등 인문학과 연계된 분야에서 특히 우수한 프로그램

  : 예일 대학교의 전통학풍에 크게 영향을 받았다.

- 짧은 역사와 상대적으로 약한 동문 네트워크

  : 예일은 명문 MBA 프로그램들 중 역사가 상당히 늦은 편이다. 때문에 동문 영향력 등의 측면에서 비슷한 수준의 학교들에 비해 그 힘은 다소 약한 편이다.

- 한국인에게는 여전히 힘든 입학

: 예일 대학교의 명성 때문에 한국인 지원자가 워낙 꾸준히 몰려 매년 합격이 어려워지는 추세이다.

- 비싼 학비

: 다른 사립명문 MBA 프로그램들과 비슷한 수준으로 매우 비싸다.

Credit: Public Domain

지원시기

지원 라운드	원서제출 데드라인	합격자 발표
1 라운드	9월 10일	12월 4일
2 라운드	1월 7일	3월 24일
3 라운드	4월 14일	5월 19일

· 지원 시기는 2019-20년 지원시기 기준이다.
· 매년 다소간의 변동이 발생할 수 있다.

제출시험

TEST 종류	제출 사항	권장점수
GMAT & GRE	GMAT 과 GRE 모두 제출가능	GMAT +730
TOEFL & IELTS	TOEFL 필요없음 IELTS 필요없음	TOEFL -

· 시험정보는 2019-20년 지원시기 기준이다.
· 매년 다소간의 변동이 발생할 수 있다.
· GMAT의 경우 대부분의 프로그램이 미니멈을 두지 않는다. GMAT과 TOEFL 권장점수는 핀길윌리엄스가 그 동안의 한국인 지원자들의 점수를 토대로 제시한 것으로 지원자 별로 변동이 있을 수 있다.

지원 에세이 정보

Topic:

Describe the biggest commitment you have ever made. (500 words)

작성 가이드라인

We have one essay question: "Describe the biggest commitment you have ever made." We developed this question in collaboration with Amy Wrzesniewski, a professor of organizational behavior at Yale SOM. Your time in business school, and the choices you make thereafter, represent significant commitments. In asking this question, the Admissions Committee is seeking to learn about how you have approached a commitment of importance in your life.

When it comes to choosing a topic, be genuine. We want to hear about something that is meaningful and distinctive to you, in your own voice. Your commitment can be personal, specific or expansive. We receive outstanding, insightful essays covering a wide range of topics.

The content of your essay is every bit as important as the topic. Regardless of the commitment that you choose, the most effective essays do a great job of describing your approach to commitment. Point to the specific actions that you have taken, over time, to bolster your commitment. This is especially important if you have chosen a broad topic, such as an ideal or a belief. Don't just explain why a commitment is important to you; we want to understand how your behaviors have demonstrated and supported your commitment.

Optional Information:

작성 가이드라인

The optional information section is not an additional essay, and most candidates do not need to complete this section. This is a space where you can address any questions you think the admissions committee may have about your application. For example, if there's a gap on your resume or you've chosen an unconventional recommender, this is the appropriate place to provide clarification.

Behavioral Assessment (제한 시간 20분의 즉석 온라인 테스크)

가이드라인

Yale SOM is committed to continuous innovation in the ways we identify future members of our community. We look for broadminded, intellectually curious students that represent a diversity of backgrounds and interests. The newest component of our application process is the Behavioral Assessment, although we've been working on it behind the scenes for more than five years.

The Behavioral Assessment is an online admissions tool administered by the research division of ETS. It measures a set of interpersonal and intrapersonal competencies associated with business school success. It is a forced-choice module that takes about 20 minutes to complete and should be completed in a single sitting. You do not need to do anything in advance to prepare for the assessment, nor does it require any specialized knowledge or background. While the assessment alone will not be the deciding factor for admission, it can provide valuable information when used in context with other elements of an application.

Video Essay (토플 스피킹 시험과 유사한 즉석 온라인 시험)

가이드라인

You will receive access to the video questions after you submit your application and pay your application fee. The video questions are not a substitute for the interview; they are a component of your MBA application.

Every candidate will receive three randomized, previously recorded questions asked by an admissions team member. No two applicants will have the same set of questions. The questions asked are similar to typical interview questions, and there are no "trick questions." We are not trying to stump you.

After the question has been asked, two of the questions will allow for 20 seconds to gather your thoughts and 60 seconds to deliver an answer. The third question asked will allow for 30 seconds to prepare your response and 90 seconds to respond. You do not need to fill the entire response time. You can complete your answer and end the recording.

Finnguil Williams 컨설팅의 합격조언

에세이 부담은 특별히 심하지 않다. 다른 학교에 제출하는 에세이와 주제가 어느 정도 겹칠 가능성이 크다. 문제는 온라인 즉석 시험에 해당하는 Behavioral Assessment라는 것이 있고, 비디오 에세이도 있기 때문에 이런 온라인 과제가 여간 까다로운 것이 아니다. 토플성적을 요구하지 않는 이유가 있다. 이런 복잡하고 어려운 영어구사 능력 테스트 때문에 아주 우수한 외국인 지원자가 아니면 합격이 어렵다. 이런 시험에 대한 대비는 단기간에 할 수 있는 것이 아님으로 미리 글을 쓰는 것과 말하는 능력 모두 영어로 높은 수준이 가능하도록 훈련할 필요가 있다.

Credit: Public Domain

Finnguil Williams

Addendum 1

MBA Sample Essays

Sample Essay 1. Career Vision and Goals

들어가기에 앞서…
Forethought

커리어 비젼과 목표에 대한 질문은 거의 모든 MBA 프로그램에서 요구하는 에세이 주제이다. 약간의 분량 차이가 있으나, 대부분의 학교가 가장 중요하게 생각하여 가장 많은 분량을 배정하는 에세이 주제이기도 하다. 따라서 사실상 모든 지원자가 이 주제의 에세이를 MBA 지원과정에서 한 번 정도는 작성할 일이 있을 것이라고 생각된다.

When I was very young, my father worked in an automobile plant in Ulsan, South Korea. One of the largest automobile manufacturers in the country, the plant frequently saw itself being in the forefront of strikes of the workers that would last for weeks. Whenever a strike occurred, my father did not come home for days. When he came back, he sometimes came with wounds that he got from violent confrontation with police riot control forces. Showing his arm stitched up at the hospital, he used to spit out curse words aimed at the management. Such violent aspects revolving around the plants, I learned as I grew up, were not uncommon in any labor-management relationships in Korea in the 90's.

As I majored in business in college, I learned what was occurring on the flip side of the world—how to understand the labor-management relations from the viewpoint of managers. Working for a big consulting firm, I have wholeheartedly envisioned to establish a cooperative relation between labor and management. While managers and workers in developing countries traditionally view labor relations as obstacles, I see feasible long-term strategic opportunities in possessing a stable negotiation process in any firm at any level of any economic sector.

I feel confident that this vision is realistic, because I have witnessed some of the established models working while at ****** Consulting Group. One of our projects, my team helped an electric manufacturing company discover that having pre-prepared crisis scenarios and pre-arranged negotiation criteria could prevent possible trouble or strikes with their employees by fast-tracking their response towards rapidly changing the market environment. Eventually, our client began understanding a newly built process as a strategic tool, not as an additional management cost. I visited the factory several times and learned that the relatively interruption-free production that our consulting had offered helped the company gain more trust of their contract partners. This anecdote inspired me to work with other industrial firms in developing countries like Vietnam and Indonesia, where similar labor-management change could bring the most promising impact.

My post-MBA vision and plan will begin at another consulting firm, where I will gain more opportunities to work with international manufacturers and have more empirical knowledge to build strong leadership. On my later journeys, I would like to develop multi-national labor-management relations issues between international companies and indigenous workers. Within ten years, I wish to initiate my own consulting firm, helping apply my strategies to many Asian nations. My career plan originally stems from my childhood and college experiences, which would later boost my career in the world of management consultancy. Now knowing that my vision and further goal are crystal clear, I wish to dedicate my years at Harvard Business School to finding practical and palpable solutions so that many workers like my father can fully appreciate the value of their diligence in a more harmonious working environment.

Essay Assessment

소개된 에세이는 지원자의 어린시절 개인적인 경험과 커리어를 밟아가는 과정을 연결시킨 전형적인 '성장형'에세이다. 일반적으로 어린시절의 경험을 MBA 에세이에 담아내는 것은 굉장히 어려운 일이다. MBA는 성인으로서의 직업과 관련된 것인데, 어린시절의 경험은 이와 관계가 없는 경우가 대부분이기 때문이다. 하지만 이 지원자와 같이 어린이의 시각에서 바라본 비즈니스 세계의 모습이 자신의 성장에 어떤 영향을 주었는지를 잘 묘사할 수 있다면, 어린시절의 독특한 경험이 MBA 어드미션에 의미있는 요소로 자리하게 만들 수 있다. 소재발굴이 굉장히 어려울 수 있지만, 시간을 들여 자신의 어린시절을 천천히 회상하다 보면 이와 같이 좋은 이야기거리를 발견할 수 있을런지도 모른다.

이와 동시에 지원자는 아시아 지역 지원자로서의 강점을 분명히 드러내고 커리어 목표를 구체적으로 제시하는 것도 잊지 않았다. 어린시절의 경험이라는 다소 감상적인 소재로 글을 시작했을 경우 성인으로서의 목표가 명확하게 제시되지 않는 방향으로 글이 흘러갈 수 있는데, 이 지원자는 이를 경계하고, 차분히 구체적인 자신의 계획을 소개하는 것으로 이야기의 방향을 틀었다. 그리하여 노사관계에 대한 자신의 관심을 향후 다양한 아시아 국가들의 기업에서 전략적으로 활용할 수 있는 모델로 발전시켜, 자신의 비즈니스를 시작할 것이라는 원대하면서도 구체적인 비전을 제시할 수 있었던 것이다. 이런 면에서 여러 지원자들이 충분히 참고할 만한 에세이라 평가할 만하다.

Sample Essay 2. Accomplishments

들어가기에 앞서…
Forethought

성취에 대한 질문 역시 대부분의 MBA 프로그램에서 쉽게 등장하는 에세이 주제이다. 화려한 커리어를 보유한 지원자들에게 자신의 성과를 구체적으로 소개할 수 있는 기회를 줄 필요가 있기 때문이다. 하지만, 이 주제를 다루는데 있어서 자부심과 겸양의 균형을 찾는 것은 쉽지 않은 과제이다. 대부분의 사람은 자부심에 치우쳐 자기자랑만 늘어놓거나, 겸양을 강조하여 자신의 성과를 축소하고 마는 실수를 저지르기 때문이다. 따라서 아래의 에세이는 이런 어려운 과제를 수행해야 하는 지원자들에게 좋은 길잡이가 되어줄 것이라 생각된다.

My three most consequential decisions have led me to the successful accomplishments of my career. Although mentally demanding and requiring many sacrifices that has taken a toll out of me, they reshaped my attitude about life and enhanced my determination to discover myself and others through establishing new goals.

The first of the three accomplishments was my decision to quit a job and apply to graduate school three years ago. Despite my success in one of the largest banks in South Korea, out of the hunger for time for self-reflection and thirst for learning, I felt that I had to leave the place and people I loved. Both academically and personally, learning psychology at graduate school satiated my desire for knowledge and new inspirations. Had it not been for losing a sense of stability and comforting social network, leaving the workplace would have been an easy choice to make. Leaving this painful decision behind, I found new peers in a new circle of passionate scholars amused in observing curious human minds. I too was passionate about my master's thesis and did find getting a new tool to understand myself satisfying. Maybe, learning how to better understand myself and others is the most powerful weapon that I came to possess.

Even though completely infatuated in those two years, I needed to decide whether the study of psychology was worth dedicating my career path for the rest of my life. On the one hand, I saw career path full of reading books, spending long hours in the lab, and writing books and articles—a day in the life of a professional psychologist. On the other hand, I encountered with an opportunity to return to a professional life. Those are agonizing two weeks after finishing my master's during which time I reflected upon the life I already had, the prospects I could have in either path, and the future that I had to envision. I concluded that my priority was bringing palpable changes in people relationship and situation relationships, and it became clear to me that only while employing what I had learned to workplace could I find my true self. This is undoubtedly one of the finest decisions I have made. I had a different position in a different type of company. Even if working for an advertisement company was an utterly new experience, I could be a leader of change by building new psychological approach to team projects and introducing new relations among my team members. I began paving my own career path to success.

The last decision was sponsoring orphans in the local community. After beginning a new career, I decided to look beyond the horizon of my individual strain, whether physical or psychological. This decision was meaningful because I learned how to heal my mental wounds by treating those of others. Despite their desperate daily struggles, these kids had never lost their nerve in the face of impeding challenges; as soon as they became 18, they had to leave the orphanage. So, they attended school during the day, and did part-time work in the evening. While tutoring these high schoolers, I realized that their blind determination for the future and passion for their dream were outshining mine—a gentle admonition that have driven me not to give up. Since then no matter how much pain I had to take, I persisted. From them, I learned how to fight against the odds.

I consider these my three most important decisions and the consequential accomplishments. In the future, I may come up with different answers, but I now choose them because they are the most powerful moments in my life that have eventually made who I am: three watershed moments I gained great courage and strength to continue on my way.

Essay Assessment

소개된 에세이는 꾱장히 담담한 어조로 지원자의 커리어를 소개하고 있다. 잘 다니던 직장을 그만두고 대학원을 가고, 거기서 새로운 직업을 선택하고, 동시에 사회에 대한 기여를 해 나가는 과정까지, 모두 물 흐르듯이 자연스러운 흐름 속에서 서술되어 있다. 이 에세이의 최대 장점은 차분한 지원자의 어조 속에서도 그 동안 거둔 성과들이 가감없이 잘 드러나 있다는 것이다. 동시에 이런 성과를 이루기 위해 지원자가 얼마나 최선을 다해 도전해왔는가 역시 충분히 잘 강조되어 있다는 것이다. 특별히 자극적인 소재를 사용하지는 않았지만, 이 에세이를 읽고 나면 이 지원자의 능력과 인성에 대해 아주 큰 신뢰를 보내게 된다는 것이 이 에세이의 가장 큰 특징이다.

한 가지 특이한 것은 이 지원자는 자신의 성과에 '사회에 대한 기여'를 추가했다는 것이다. 대부분의 한국인 지원자는 이런 점을 간과하는 경우가 많은데, 이렇듯 눈에 보이지 않는, 즉 수치나 증명서로 환산되지 않는 결과지만 다른 사람에게 큰 기여를 한 것들도 자신의 성과가 될 수 있다는 점을 잊어서는 안된다. 미국 사회의 특성상 이런 사회적 기여에 대한 추가적인 고려는 상당하기 때문에 이 지원자는 합격과정에서 상당한 이점을 가져갈 수 있었을 것이다. 동시에 이와 같이 남을 도우면서 그 경험을 통해 인간적으로 성장하는 지원자의 모습은 앞서 언급한 이 에세이의 균형감을 형성하는데 결정적인 기여를 하고 있다. 이런 면에서 같은 에세이를 써야하는 한국인 지원자들은 이 에세이를 유의해서 읽어볼 필요가 있다 할 것이다.

Sample Essay 3. Leadership or Failure Experience

들어가기에 앞서…
Forethought

이 에세이는 리더쉽과 실패의 경험에 대한 에세이 주제 모두를 해결할 수 있는 형태로 완성되었다. 리더쉽 경험은 아직 커리어 경력이 길지 않은 MBA 지원자들이 상당히 곤란해 하는 주제이다. 동시에 실패의 경험 역시 일종의 '자기 비판'으로 여겨져 내성적인 한국인들에게는 곤란한 주제일 것이다. 때문에 이 에세이가 이렇든 힘든 주제를 어떻게 풀어나갔는가를 살펴보는 것은 여러 지원자들에게 좋은 샘플의 역할을 해줄 것이라고 기대된다.

My first leadership experience at ******* Electronics consisted of LCD TV monitor for a computer-based television market. Thanks to my three-year experience that I had accumulated on monitor design, I was dispatched to assist my senior to lead the TV monitor development team. I had spent three weeks collecting previous model designs of other manufacturers and arranging my team's meeting schedules for the project. In the fourth week of the project, my senior was hospitalized due to car accident injury. I had a call from him informing that I would lead the project for the next few weeks.

My first day was a total failure. I could not resolve disagreements and disputes among the team; hours of meeting produced nothing but making sure that we had to start from scratch. I tried to show myself as charismatic but only felt the eyes of team members with a doubtful gaze. Additionally, I was not familiar with technicalities of the pixels and resolutions that an LCD TV monitor displays. It made me stutter in front of them. That day, I regretted my lack of leadership and incapacity to spontaneously navigate unexpected flows of discussion. And such awkwardness continued for a few more days.

On the coming Saturday, I made a call to my senior at the hospital and explained the details of my problem with leading the team. During a long talk with over the phone, I realized that I had been going against my introvertive nature and tried to do something that I was not good at. Toward the night, I pondered on new modes of leading my team. When I stood in front of them on the next Monday, I let each member speak first and jotted down what points each one of them had brought up. The whole time, I seldom spoke and became a good listener. Later the same day, I worked on answers and tried to find a way of reconciliation for contradictions that some of them had suggested on the project. The next morning, I quietly and slowly unrolled these my ideas and announced that I would keep listening to them first until they finished their part. This was the leadership that I named the "introvertive leadership."

Since then, my team members' attitude had changed remarkably and begun seeing me as their leader. What I learned from this experience was the essentiality of original style that could reveal my true self in building an authentic leadership. As Socrates dictates, "Know Thy Self," I now know, will continue helping me take bigger responsibility in my future career.

Essay Assessment

위의 에세이는 간결한 전개가 가장 큰 장점이다. 짧고 명쾌한 문장을 사용하여 누구나 이해하기 쉽게 흐름이 이어진다는 것이 아마도 어드미션 커미티의 눈을 잡았을 것이다. 게다가 개인적인 경험을 솔직하게 이야기하고 있는 글의 톤은 읽는 사람으로 하여금 부담없이 즐거운 마음으로 글을 즐길 수 있는 여유를 주고 있다. 이 글에서 지원자는 굉장히 솔직하면서도 생각이 깊은 인물로 그려지고 있다. 남을 흉내내려하다가 실패하고, 자신에 대해 진지하게 고민하고, 팀원들에게 솔직하며, 실패를 기회로 바꿀 수 있는 의지력이 있는 인물로 나타난다. 이런 특징을 쉽고 간결한 문장을 통해 힘있게 전달함으로써 이 에세이는 합격 에세이의 전형을 보여주고 있다고 평가해도 큰 틀림이 없다 할 것이다.

Sample Essay 4. Ethical Dilemma

들어가기에 앞서…
Forethought

　이번에 소개할 에세이는 도덕적 딜레마에 대한 답변이다. 도덕적 딜레마에 대처하는 자세를 묻는 에세이는 모든 학교에 출제되지는 않는다. 하지만 이 역시 주요 에세이로 다루어지는 만큼 여러 학교에 지원을 하게 된다면 반드시 한 번은 써야할 에세이가 될 가능성이 높다. 이 에세이 주제는 가장 까다로운 주제라고 할 수 있다. 그 이유는 도덕적 딜레마에 대한 이야기를 하다보면 누군가의 행동을 비판하기 쉬워지기 때문이다. 그 대상이 지원자가 근무한 회사이든, 그 회사의 거래처이든, 한 개인이든 도덕적 문제의 원인이 되는 대상에 대해 비판적인 시각을 취할 수밖에 없는 상황이 오게 된다. 이 과정에서 지나치게 비판의 칼날을 세우다보면 일견 남의 탓을 하는 논존가 될 수 있다. 이것이 이 주제를 다루면서 가장 주의해야 할 부분이다. 도덕적 문제는 우리 모두가 자유로울 수 없는 부분인 만큼 비판보다는 건설적인 대안을 제시한 경험을 소개하는 것, 이 것이 바로 이 주제에 대한 에세이를 작성하면서 잊지 말아야할 태도이다.

In the spring of 2016, I am watching the monitor in my office in Gangnam, Seoul, where I am working for an online advertisement company as a tech-manager. I oversee ads that the company sells to a wide range of recruiters. The way the company generates profit is twofold. The website that the company runs posts the best recruiters according to the number of browsers clicking the job postings. By showing ads to job seekers, most of whom were college seniors, the company maintains another profit source.

Recently I learned that some of the big recruiters has taken advantage by recruiting a greater number of job applicants, thus boosting their rank. The problem was clear; the higher a company's rank, the higher the quality of applicants seeking the position the company offers. By skewing the balance of our web environment, they drive small businesses into extinction. A drastic reform, however, may seriously undermine the website's resources base because the big recruiters will not intend to join our website if their rank goes down according to a different rating system.

Since this skewed balance does not stem from deliberate attempts to influence the results, I first hesitate to tackle this challenge. The uneasiness in my conscience, however, unnoticeably leads me to create a more transparent system. During my second year at the position, I refine the frontpage layout by designing a different ranking category that estimates the responses of job applicants on their overall interview experience with a certain recruiter. This new rating system requires an individual survey automatically sent to the real interviewees with some incentives attached. Despite its smaller size, the new ranking category, which is posted below the previous rankings on the frontpage, draws acclamation from small recruiters. Later, they prove themselves more loyal customers for out site, generating a stable profit in long-term management.

At Wharton I hope to learn various strategies to assist management to take appropriate decisions and resolve a great number of ethical dilemmas. These strategies will facilitate me when I must make decisive choices and persuade management to accept them in a limited amount of time. Besides, interaction with peers and experienced professors, who show me how to deduce optimal decisions, will better equip me with an intuitive sense for reaching "collective intelligence." I believe this opportunity will consist of part and parcel of my future decision makings in light of ever-changing nature in the business world.

Essay Assessment

이 에세이는 본의 아니게 편파적인 시스템을 운영하고 있던 광고회사의 웹사이트를 지원자가 어떻게 개선시켰는가에 대한 이야기이다. 여기에는 자신이 발견한 문제를 눈감고 넘어갈 것인가, 아니면 자신이 짊어지고 고쳐나갈 것인가에 대한 개인적인 딜레마도 함께 담겨있다. 굉장히 솔직한 톤이 두드러지며, 동시에 잘못된 것을 고치려는 건전한 의지와 창의적인 접근법도 동시에 보이고 있다. 도덕적 딜레마를 발견하는 경험은 거의 모든 회사원이 공유하게 된다. 근본적으로 회사는 이윤을 추구하기 때문에 이 과정에서 도덕적인 결함은 도처에 산재하게끔 되어 있다.

  문제는 이를 고치려는 시도를 회사원 개인이 할 수 있는가의 문제인데, 대부분의 실무자들은 눈을 감고 이를 넘어가는 경우가 많다. 따라서 이 주제에 대한 답을 작성하는데 있어 가장 큰 걸림돌은 '경험의 부재'이다. 소개한 에세이는 지원자의 적극적인 문제해결 노력이 완전한 해답을 내어놓지는 못했지만, 충분한 대안을 제시했다는 점을 명확히 함으로써 소기의 목적을 달성하고 있다. 이를 보고 자신의 에세이를 준비하는 지원자들 역시 대단한 경험을 찾기 보다는 자신의 노력으로 작은 성과라도 거두어 미래에 유사한 문제가 생겼을 경우 미리 준비된 경영자가 될 수 있음을 보여주는 경험이 있었는지 고민해 보는 것이 좋을 것이다.

Addendum 2

유럽 MBA 추천 학교들

유럽 경영대들과
MBA 프로그램들에 대해 알아보기에 앞서…

　미국이 아닌 유럽의 MBA를 선호하는 지원자 혹은 미국 MBA를 선호하지만, 유럽의 MBA에도 도전해보고 싶은 지원자들을 위해 유럽 MBA에 대한 정보를 제공하려 한다. 이 장을 시작하기에 앞서 유럽의 MBA가 가진 특징들을 개괄적으로 정리해볼 필요가 있다. 미국 MBA는 대부분의 지원자들이 익숙해하는 반면, 유럽 MBA는 생소한 면이 많기 때문에 많은 지원자들의 궁금증을 쉽게 해결해줄 수 있는 방법이 필요했다. 이에 미국과 유럽의 MBA가 지닌 차이를 '장점'과 '단점'으로 나누어 분류함으로써 일목요연하게 유럽 MBA에 대한 기준점을 세울 수 있도록 하고자 한다.

- 유럽 MBA는 상당수가 2년 보다 기간이 짧다.
  : 보통 1년, 길어도 1년 6개월 이내에 종료되는 경우가 많다. 거의 예외 없이 2년인 미국 우수 MBA 프로그램들에 비해 확연히 짧다. 빠른 시간 내에 MBA를 취득해야 하는 지원자들이 주목할 만한 이점이다.

- 대부분의 프로그램이 영어로 진행된다.
  : 몇 몇 학교들은 가능하면 해당 국가의 언어를 공부하라는 압박을 가하기도 하지만, 이를 필수 요건으로 하고 있는 학교는 사실상 거의 없다. 공식적인 수업은 모두 영어로 진행되고 지원 시에도 특수한 경우가 아니라면, 영어만으로도 합격이 가능하다. 따라서 영어만 할 수 있다면 유럽에서 MBA 취득이 가능하다 할 수 있다.

- 미국 최상위권 사립대 MBA 비해 학비가 적게 든다.
  : 총 비용이 한화로 6,000만원에서 1억 2,000만원 사이에 위치하고 있어 미국 최상위권 사립대 MBA 보다 확실히 싼 편이다. 미국 최상위권 사립대 MBA의 경우에는 2년 동안 총 1억 2,000만원에서 1억 8,000만 원 정도의 학비(생활비 제외)가 책정되어 있다.

- 미국 우수 MBA들과 협력 프로그램이 발달해 있다.
  : 미국 명문대, 이를테면 하버드, 스탠포드, 예일, 브라운 대학

교 등등의 MBA와 교환학생은 물론 이중학위 취득까지 제공하는 프로그램들이 꽤 있다. 자세한 사항은 학교마다 다름으로 일일이 체크를 해야 하겠지만, 동시에 유럽과 미국 명문대에서 MBA를 취득하고자 하는 지원자에게는 상당한 이점일 것이다. 물론 이 경우에는 총 소요 비용이 달라질 수 있음으로 주의가 필요하다.

- 패션이나 관광과 같은 분야의 프로그램은 미국 이상으로 우수하다.
 : 파리, 바르셀로나, 밀라노 등의 도시는 유럽을 넘어 세계의 패션 중심지이다. 관광 역시 이들 지역을 빼어놓고는 말하기 어렵다. 따라서 이들 지역에 위치한 학교들의 MBA 프로그램들은 패션과 관광 등의 분야에서는 세계최고 수준이다. 관련 분야 종사자나, 이 분야에서 일하고 싶은 계획이 있는 지원자들에게는 확실한 매력일 것이다.

- 한국에서의 유럽 MBA 인지도는 대부분 미국 상위권 MBA보다 낮은 편이다.
 : 유럽 MBA의 가장 큰 문제일 것이다. 물론 영국의 옥스퍼드나 케임브리지와 같이 영국의 몇 몇 명문대의 경우는 한국에서도 확고한 인지도가 있기에 상관이 없지만, 그 외의 유럽 학교들은 한국에서의 인지도가 매우 약하다. 따라서 이런 부분만 생각한다면 유럽 MBA는 아무래도 망설여지는 선택지가 될 수밖에 없다.

- 생활비는 미국과 비슷하거나 더 드는 경우도 있다.

 : 유럽 MBA의 학비는 미국보다 싼 편이라 할 수 있지만, 생활비는 오히려 더 비쌀 수 있다. 런던, 파리, 바르셀로나, 마드리드, 밀라노 등 도시의 물가는 미국 대도시와 비교해도 더 비쌀 수도 있다. 물론 물가가 뉴욕보다 높은 경우는 거의 없기는 하지만, 뉴욕, LA, 시카고 등의 도시를 제외한다면 유럽의 대도시는 미국의 여러 중소도시보다 더 비싸게 생활비가 들 수도 있다는 점을 알아둘 필요가 있다.

- 그 나라 말을 못하는 경우에는 생활에 여러 불편함이 있을 수 있다.

 : 예를 들어 프랑스어를 못한다고 해서 파리에서 MBA를 할 수 없는 것은 아니지만, 생활하는데 확실히 불편할 것이다. 유럽인들은 한국에서 생각하는 것보다 영어를 잘 하지 못한다. 대학 캠퍼스의 교수들은 영어를 잘하는 사람들이 꽤 있지만, 일반인들은 영어가 안 되는 경우가 아주 많다. 특히 시골로 내려가면 영어로 대화가 거의 안 되는 경우가 심심치 않게 발생한다. 따라서 해당 국가의 언어를 어느 정도 공부할 각오를 하고 지원할 것을 권장한다.

- 유럽은 경영대의 역사가 대체로 미국보다 짧은 편이다.

 : 유럽은 인문학을 중시하고 경영학과 같은 실용학문은 미국보다 천대했기 때문에, 현대 경영학이 미국에 비해 늦게 발전하였다. 이런 전통의 부재 때문에 각종 매체에서 집계하는 세계 경영대 순위와 관계없이 경영학 프로그램들의 권위가 미국 명문대에 비해 낮을 수밖에 없다.

- 대다수의 유럽 명문대들이 미국 MBA를 모방하여 만들어졌다.

: 2차 대전 이후 미국의 세계질서 제패에 충격을 받고 하버드 등으로부터 미국식 MBA 커리큘럼을 수입하여 만들어졌기 때문에 커리큘럼에 있어 미국과 근본적인 차이가 없는 경우가 많다. 같은 이유로 MBA 지원과정 역시 미국과 거의 유사하다. 그렇다면 이런 의문이 생길 수밖에 없다. "영어로 진행되는 미국식 MBA를 유럽에서 받아야 하는 이유는 무엇일까?" 여기에 대한 지원자 개개인의 스스로에 대한 합리적인 답변이 없다면 굳이 유럽을 가야할 이유를 찾기 어려울 것이다.

University of Oxford (Saïd)
옥스퍼드 – 사이드 경영대

운영형태	사립	경영대 설립	1965년
위치	옥스퍼드 (영국)	학비	연 £60,000*
캠퍼스 환경	중소도시	생활비	연 £19,000**

* 약 9,000만원
** 약 2,900만원

| MBA 프로그램 소개

영국 최고 대학의 MBA 프로그램이다. 영국 명문대들의 경영대 설립이 전체적으로 늦은 편이지만, 그나마 옥스퍼드의 경우에는 1965년이라는 비교적 이른 시기에 경영대를 설립하였다. 학비도 비싸고 생활비도 만만치 않지만, 학교의 이름만으로도 충분히 매력적인 경영대 프로그램이라 할 수 있다.

학교의 명성에 있어서는 케임브리지와 옥스퍼드가 큰 차이를 보이지 않지만, 경영대의 명성에서는 옥스퍼드가 케임브리지보다 한 발 앞서 있다고 할 수 있다. 이는 설립연도가 앞서 있는 데서 가장 큰 이유를 찾을 수 있는데, QS 등 순위에서 모두 케임브리지 보다 확실히 앞서 있는 경향을 보인다. QS의 경우에는 탑10 수준을 꾸준히 유지하고 있고, 그 외 다른 매체의 경우에도 20위권 이상을 보여주는 우수프로그램이다.

300여명 밖에 신입생을 받지 않기 때문에 합격은 굉장히 어렵다고 할 수 있다. GMAT의 경우에는 710점 이상을 권장한다. 아마 한국인 지원자들에게는 상당히 까다로운 도전이 될 것이다. 영국학교들의 MBA 과정이 2년이 안 되는 경우가 많기 때문에 비용적인 면에서는 미국 학교보다 부담이 덜 할 수 있다는 점이 숨은 장점이라 하겠다.

Credit: Public Domain

University of Cambridge (Judge)
케임브리지 – 저지 경영대

운영형태 사립	경영대 설립 1990년
위치 케임브리지 (영국)	학비 연 £57,000*
캠퍼스 환경 중소도시	생활비 연 £17,000**

* 약 8,700만원
** 약 2,600만원

MBA 프로그램 소개

영국을 대표하는 세계적인 명문대 케임브리지의 MBA 프로그램이다. 경영대의 역사는 1990에 시작되어 명문대 중에서는 상당히 늦게 경영대를 설립한 학교 중의 하나이다. 이것은 인문학적 전통이 아주 강하고 보수적인 유럽학교에서 나타나는 일반적인 현상인데, 미국의 경우 프린스턴 대학교[Princeton University]가 아직도 경영대를 따로 운영하고 있지 않다는 것에서 비슷한 이유를 찾아볼 수 있다.

대략 매년 200명 정도의 신입생을 받고 있기 때문에 규모가 크다고 보기는 어렵다. 명문대 MBA 프로그램답게 GMAT 점수는 720 이상을 받아야 도전권에 든다고 볼 수 있을 것이다. 외국인 학생이 20명 중에 1명 정도 밖에 안 될 정도로 외국인 수가 많지 않기 때문에 한국인 지원자들의 경우에는 합격이 무척 까다롭다고 할 수 있을 것이다.

역사가 짧기 때문에 상대적으로 미국의 명문대들에 비해 동문 영향력은 다소 약한 편이라고 할 수 있다. 각종 매체에서 매년 측정하는 세계 경영대 순위에서도 아직은 그렇게 높은 편은 아니다. QS 정도에서만 탑10 안에 들고 다른 매체에서는 대게 10위권 혹은 그 밖에 머무는 경우도 있다. 아무래도 학교의 역사가 짧기 때문에 이는 어쩔 수 없는 결과일 것이다. 다만 워낙 명문대의 경영대이기에 앞으로 10년 후, 혹은 20년 후에는 확연히 다른 결과가 나올 것으로 예상된다.

Credit: Public Domain

London Business School
런던 경영대학원

운영형태	국립	경영대 설립	1964년
위치	런던 (영국)	학비	연 £53,000*
캠퍼스 환경	대도시	생활비	연 £22,000**

* 약 8,000만원
** 약 3,400만원

| *MBA 프로그램 소개*

런던 대학교 University of London 시스템의 일부로 경영대 대학원으로서 설립되었다. 이는 미국과 비교하자면 UC 샌프란시스코 UC San Francisco가 캘리포니아의 UC 계열 중 의학 관련분야 대학원 프로그램에 집중하는 것과 비슷한 양상이라고 할 수 있다. 즉 런던 경영대학원은 런던 대학 시스템에서 경영대 대학원이 특화된 프로그램을 운영하는 캠퍼스라고 할 수 있다.

케임브리지나 옥스퍼드와는 달리 합격에 좀 더 다양성을 추구하는 경향이 있다. 비교적 나이가 많은 30대 후반의 지원자들에게도 문을 열어주는 편이고, 영국인 비율이 10% 정도 밖에 되지 않는 만큼 유학생 지원자들에게도 관대한 합격기준을 제시하는 학교이다. 실제로 중국이나 인도 등 아시아권 학생이 1/4 이상이다.

옥스퍼드나 케임브리지에 버금가는 인지도와 위상을 자랑하는 경영대로 QS 랭킹은 종종 이들 학교보다 높게 매겨지기도 한다. 탑5위 수준에 이르는데, 물론 QS가 워낙 영국대학 중심이기에 어느 정도 걸러서 받아들일 필요는 있지만, 어쨌든 매우 우수한 학교임에는 분명하다. 다른 랭킹매체에서도 탑10이나 탑20위권 안에 위치하면서 영국을 대표하는 경영대학원으로 자리하고 있다.

외국인 지원자들에게 비교적 관대한 학교인 만큼 700점 이상의 GMAT 점수와 3.5 이상의 GPA, 우수한 커리어가 있다면 충분히 도전해 볼 만하다. 런던에서 MBA를 하고 싶은 지원자에게 1순위로 권하고 싶은 학교이다.

Credit: Bjoertvedt

Imperial College Business School
임피리얼 칼리지 경영대

운영형태　국립	경영대 설립　2004년
위치　　　런던 (영국)	학비　연 £54,000*
캠퍼스 환경　대도시	생활비 연 £22,000**

* 약 8,000만원
** 약 3,400만원

▌MBA 프로그램 소개

영국 최고의 국립대학인 임피리얼 칼리지의 MBA 프로그램이다. 경영대의 공식설립은 2004년이지만, 실제 각종 프로그램은 1955년 이래로 지속적인 확장작업을 진행 중이었다. 그런 이유로 짧은 역사에도 불구하고 그 명성이 높으며, 여러 매체에서 세계 20위권의 경영대로 평가를 받고 있다. 특히 영국 학교에 대한 평가가 후한 QS는 임피리얼 칼리지 경영대를 종종 세계 10위권에 위치시키고 있다.

1년 학비는 높지만 1년 만에 학위를 받을 수 있는 영국학교의 특성이 반영되어 있기 때문에 상대적인 부담이 웬만한 미국 MBA보다 적을 것이다. 런던에서 생활할 수 있다는 점은 이 학교의 최대강점 중의 하나이다. 미국이 아닌 영어권 학교 MBA 중에서 가장 많은 장점들을 보유한 학교라고 해도 과언이 아니다. 영국정부의 전폭적인 지원을 받고 있고, 영국 내에서는 여러 유명 동문들이 있어 확실한 명문으로 인정받는 학교이다.

600점대 후반의 GMAT 점수와 우수한 커리어가 있다면 충분히 도전해 볼만한 학교가 될 것이다. 시간적으로 빨리 MBA를 획득하고자 하는 지원자라면 특히 매력적인 학교가 아닌가 생각된다. 한국에서의 학교 인지도도 우수한 편임으로 여러 면에서 한국인 지원자들의 주목을 받을 만한 학교라 할 것이다.

Credit: Christian Richters

INSEAD (*Fontainebleau*)
인시아드 경영대학원 (유럽 경영대학원)

운영형태	사립	경영대 설립	1957년
위치	퐁텐블로 (프랑스) 외	학비	연 € 82,000*
캠퍼스 환경	캠퍼스별로 상이	생활비	캠퍼스별로 상이

* 약 1억 1,000만원

MBA 프로그램 소개

세계 여러 곳에 캠퍼스를 두고 있는 글로벌 경영대이다. 본 캠퍼스라 할 수 있는 퐁텐블로 캠퍼스 (프랑스) 외에 싱가포르와 아부다비에도 캠퍼스가 있다. 모든 캠퍼스의 MBA 커리큘럼이 동일함으로 어느 곳에서 진행해도 문제는 없으나 가능하다면 프랑스에서 학교를 다니는 것이 한국에서의 학위가치를 높이는 데 도움이 될 가능성이 높다.

1년 학비가 비싸기는 하지만 보통 1년 내에 학위를 취득할 수 있음으로 미국 MBA에 비해 평균적으로 비싼 학비는 아니다. MBA 프로그램에 다니고 있는 학생이 1,000명이 넘고 그 국적도 굉장히 다양함으로 이런 환경을 선호하는 지원자들에게 권장할만한 학교이다. 특히 QS 경영대 순위가 높아서 그런지 한국에서의 인지도가 높은 편이다. QS 세계 경영대 순위에서는 꾸준히 탑5위 안에 이름을 올리고 있다. 다른 매체에서의 순위도 매우 높은 편으로 편차가 있기는 하지만 탑10에서 20위권에 위치하고 있다.

인시아드 MBA가 특이한 것은 학생들에게 다양한 언어를 구사할 것을 요구한다는 점이다. 신입생의 경우에는 2개의 언어 구사가 기본이며, 졸업 시에는 3개의 언어를 구사할 것을 요구한다. 따라서 한국인들의 경우에는 영어 이외에 적어도 1개의 언어를 추가로 공부할 필요가 있다. 이런 글로벌한 점이 이 학교의 매력이기는 하지만, 명확한 정체성이 다소 모호하다는 점은 보수적인 관점에서 보면 이 학교의 약점이 될 수도 있을 것 같다는 판단이 든다. 이런 점을 신중히 잘 생각해서 지원하기를 바란다.

Credit: Public Domain

HEC Paris
파리 경영대학원

운영형태	사립	경영대 설립	1881년
위치	파리 (프랑스)	학비	총 €73,000*
캠퍼스 환경	대도시	생활비	총 €27,000**

* 약 9,700만원
** 약 3,600만원

| *MBA* 프로그램 소개

 프랑스에서 가장 권위 있는 경영대학원에서 운영하는 MBA 프로그램이다. 유럽에서 가장 긴 편에 속하는 경영대 역사를 지닌 HEC Paris가 운영하는 이 MBA 프로그램은 16개월로 구성되어 있다. 전체 비용이 미국에서 MBA 2년 하는 것에 비하면 결코 비싸다고 할 수 없는 비교적 합리적인 비용이다. 다만 파리의 물가를 고려한다면 생활비는 미국보다 더 들어갈 수 있음을 고려해야 한다.

 QS는 물론이고 여타의 매체에서 내놓는 세계 경영대 순위에서 탑을 유지하고 있는 우수 경영대이다. QS에서는 거의 매년 탑5위에 위치하고 있고, 편차가 있기는 하지만, 대략 탑10 수준에 있는 경영대학원이라고 보면 될 것이다. 프랑스가 자랑하는 경영대학원이기 때문에 커리큘럼의 우수성은 보장되어 있다고 보면 된다.

 합격은 상당히 어려운 편이다. 합격률도 매우 낮은 편이고, 외국인 지원자들을 아주 선호하는 것도 아니다. 게다가 프랑스어를 하는 지원자를 무척 선호하는 편이라는 점도 한국인 지원자들에게는 걸림돌이다. 프랑스어 구사가 합격에 필수는 아니지만 졸업 시까지 가능하면 프랑스어를 구사하도록 여러가지 방식으로 압박하고 있다. 특히 프랑스 학교들 자체가 프랑스어를 못하는 외국인 학생을 굉장히 싫어하기 때문에 이 점은 충분히 고려할 필요가 있을 것이다.

Credit: DXR

IESE Business School
나바라 대학교 경영대

운영형태	사립	경영대 설립	1958년
위치	바르셀로나 (스페인)	학비	총 €44,000[*]
캠퍼스 환경	대도시	생활비	총 €21,000[**]

[*] 약 5,900만원
[**] 약 2,800만원

MBA 프로그램 소개

스페인을 대표하는 MBA 프로그램이다. 바르셀로나는 스페인에서 가장 부유한 도시이자 가장 국제화된 도시이기도 하다. 남유럽의 경영환경과 커넥션을 흡수하기에 유리한 도시이기도 한다. 패션이나 건축, 혹은 미술 등 분야와 관련된 지원자들에게 추천하고 싶은 학교이다.

QS 등 여러 유수의 매체에서 평가하는 세계 경영대 순위에서 꾸준히 탑10 혹은 10위권을 유지하는 학교이다. 아마 앞으로도 학교의 명성은 꾸준히 이 수준을 유지할 것으로 예상되는 바, 장기적으로는 한국에도 어느 정도 알려질 학교라고 생각된다.

글로벌 정책을 과감하게 추진해온 학교의 전통이 있기 때문에 외국인 지원자들에게 호의적인 학교이다. 아주 높지 않은 성적의 지원자라도 우수한 경력사항 등이 있다면 한 번 도전해보라고 권하고 싶다. 바르셀로나뿐만 아니라 뉴욕, 뮌헨, 상파울로, 마드리드 등에 글로벌 캠퍼스가 있는데, 일단 이 학교의 메인 캠퍼스는 바르셀로나이기 때문에 이곳에서 생활하게 된다고 보면 된다.

아직까지 한국에 잘 알려진 학교는 아니라서 이 점에 민감한 지원자들이 꺼릴 수 있다는 생각이 든다. 앞으로 10년 혹은 20년 후를 내다보는 장기적인 안목의 지원자들에게는 큰 문제는 아닐 수 있다. 또한 바르셀로나의 생활환경은 한국은 물론, 미국의 여타 도시와도 확연히 다르기 때문에 이 점에 대한 고려도 충분히 하고 지원하기를 권한다. 학비도 학비지만, 생활비가 만만치 않다는 점이 어쩔 수 없이 아쉽게 다가온다.

Credit: Mika58

IE Business School
IE 경영대

운영형태	사립	경영대 설립	1973년
위치	마드리드 (스페인)	학비	총 €52,000*
캠퍼스 환경	대도시	생활비	총 €22,000**

* 약 6,900만원
** 약 2,900만원

MBA 프로그램 소개

스페인 마드리드에 위치한 경영대에서 운영하는 MBA이다. IE 경영대는 스페인을 대표하는 경영대 중 하나로 세계 유수의 매체들이 높게 평가하는 경영학 명문대이다. 매체마다 다소 편차가 있기는 하지만 대략 탑10에서 20위권까지 세계 순위를 기록하는 추세를 보인다.

MBA를 1년에 마칠 수 있음에도 학비가 미국 사립대 MBA 1년 비용과 비슷한 수준이라 사실상 학비가 절반에 가깝다고 할 수 있다. 시간과 비용을 함께 절약하고 싶은 지원자들에게 권하고 싶다. 수업은 어차피 영어로 이루어짐으로 대부분의 지원자들이 큰 무리 없이 지원할 수 있는 학교이다.

마드리드의 높은 물가가 다소 걸림돌이 될 수 있기에 이 점은 비용문제에 민감한 지원자들은 신중히 계산을 해볼 필요가 있다. 역사가 아주 긴 프로그램은 아니지만 스페인을 대표하는 MBA 프로그램이고 명문 우수대학에서 운영하고 있기 때문에 스페인 내에서는 유명한 동문들이 상당히 있는 편이고, 같은 스페인어권인 남미에도 유력 동문들이 적잖이 있는 편이다.

지원이 많이 까다롭거나 하지는 않기 때문에 충실히 준비한 지원자들이라면 충분히 도전해 볼 만하다고 평가할 수 있겠다.

Credit: Luis García

ESADE Business School
ESADE 경영대학원

운영형태	사립	경영대 설립	1958년
위치	바르셀로나 (스페인)	학비	총 €73,000*
캠퍼스 환경	대도시	생활비	총 €23,000**

* 약 9,700만원
** 약 3,100만원

| MBA 프로그램 소개

바르셀로나에 위치한 또 다른 명문 경영대학원에서 운영하는 MBA 프로그램이다. ESADE는 스페인을 대표하는 우수 경영대학원으로 MBA 프로그램은 1년에서 1년 반 정도의 기간에 마칠 수 있다. 스페인 자국민 학생이 1/20 밖에 안 된다는 점이 무척 특이하다.

같은 도시인 바르셀로나에 위치한 유명 경영대인 IESE에 비해 상대적인 명성은 조금 떨어지기는 하지만 실제 수준은 거의 차이가 없다고 보면 된다. 실제로 각종 매체에서 집계한 순위에서 매년 탑10 혹은 10위권을 보이고 있기에 이 학교 역시 스페인을 대표하는 경영대인 것이다.

바르셀로나에서 MBA를 하고 싶은 지원자라면 IESE와 함께 꼭 지원하라고 권하고 싶다. 외국인 지원자에게 관대한 학교임으로 충실히 지원한 지원자라면 충분히 합격할 수 있을 것이다.

SDA Bocconi
보꼬니 대학교 경영대학원

운영형태	사립	경영대 설립	1971년
위치	밀라노 (이탈리아)	학비 총	€ 59,000*
캠퍼스 환경	대도시	생활비 총	€ 22,000**

* 약 9,700만원
** 약 3,000만원

| *MBA* 프로그램 소개

이탈리아를 대표하는 보꼬니 대학교의 경영대학원인 SDA는 밀라노에 위치하고 있다. 이탈리아의 경제중심지인 밀라노라는 위치가 말해 주듯 이 곳은 남부유럽의 경제적 풍향을 알고 싶어 하는 지원자들과 럭셔리 비즈니스와 관련된 일에 종사하는 지원자들에게 최적의 교육환경을 제공한다. 특히 SDA의 MBA 프로그램은 각종 럭셔리 브랜드와 연계한 강연 및 인턴쉽 기회를 제공하고 있음으로, 이와 관계된 지원자라면 한 번쯤 꼭 지원 리스트에 넣고 고민해 볼 것을 권한다.

보꼬니 대학교는 이탈리아를 대표하는 명문으로 경제학, 경영학, 정치학 등 사회계열 학문으로 특화된 학교이다. 이들 분야에서 세계대학 순위 10~50위권에 위치하고 있는 명문대이다. SDA와 MBA 프로그램의 위상 역시 이와 궤를 같이하여, QS에서는 탑10 수준을, 다른 유수의 매체에서는 20~30위권에 위치하고 있다. 다른 학교들과 마찬가지로 영어로 수업이 진행되며, 다행히 이탈리아어를 배우라는 압박을 하지는 않는 것으로 알려져 있다. 따라서 관심 있는 지원자라면 부담을 가지지 말고 지원해 보기 바란다.

Finnguil Williams

Addendum 3

Question & Answer

Question & Answer

1. 동문기여입학*legacy admission*이 가능할까?

Q. 저희 아빠가 유펜에서 박사과정을 밟으셨습니다. 유펜 동문이신데, 제가 MBA에 지원하면 합격에 혜택이 있을까요?

A. 동문의 자녀나 친지에게 합격에 일정부분 이점을 주는 학부와는 달리, 대학원은 이런 레거시 입학에 대한 규정이 없습니다. MBA도 대학원인 만큼 레거시에 대한 혜택은 일단은 없다고 생각하시는 것이 좋습니다. 물론 몇몇 MBA 프로그램은 내부규정으로 일정부분 이것을 감안하기는 하지만, 해외동문, 즉 한국인 동문들에게까지 이런 배려가 있다고 보기는 어렵습니다. 주로 미국 내 유력 정치인이나 사업가 등 특수 케이스에 해당하는 경우이기 때문입니다.

2. 유명 기업이나 명문대 출신은 얼마나 유리할까?

Q. 저는 평범한 사립대 출신으로 현재 다니고 있는 회사도 대기업이기는 하지만 남들이 '와!' 할 만큼 유명한 회사는 아닙니

다. 그런 제가 탑10 MBA에 갈 수 있을까요?

A. 골드만삭스나 맥킨지 출신이 일정부분 유리한 것은 사실입니다. 또 하버드나 프린스턴과 같은 학교를 나온 것 역시 최고의 MBA에 합격하는데 도움이 되는 것이 당연하겠죠. 하지만 그것이 절대적인 기준은 아닙니다. MBA는 다른 어떤 프로그램보다 지원자의 실적을 강조합니다. 명문대 출신이라고 해도 학점이 나쁘면 굉장히 불리합니다. 또 삼성전자와 같은 대기업에서 일한다고 해도 내세울 실적이 없다면 이 역시 상당한 마이너스 요소입니다. 반대로 지원자님과 같은 경우에도 우수한 학생시절 성적과 회사에서의 실적이 있다면 탑 프로그램들에 충분히 도전해 볼 수 있습니다.

3. 지원서는 몇 군데나 내야할까?

Q. 올해 하반기에 MBA를 지원하려는 지원자입니다. 몇 개의 학교에 지원을 해야 하는지 고민이 되네요. 물론 원서 비용 때문은 아닙니다. 원서비가 좀 들기는 하지만 그 비용은 학비에 비하면 정말 아무것도 아니니까요. 다 떨어질까 걱정이 돼서요. 이번에 못가면 회사에서 지원받기로 한 지원이 나오지 않게 돼서 영영 못 가게 될 것 같아요. 반드시 가야합니다. 그래서 몇 개나 지원을 하는 것이 좋을까요?

A. 미국인들은 최소 4개의 학교에 지원을 합니다. 반면 보통 8개 이상은 지원하지 않는 것이 일반적인데, 이것은 미국인들

이 합격가능성이 아주 낮다고 판단되면 지원을 하지 않기 때문입니다. 즉, 적절한 학교만 골라서 최대 4~6개 정도를 지원하고, 안전권의 학교 2개 정도를 더하니 더 쓸 필요가 없는 것이죠. 하지만 한국인 지원자들은 무리해서 좋은 학교를 지원하려는 경향이 있기 때문에 자연스레 이보다는 더 많은 학교에 지원하게 됩니다. 이걸 감안하면 10개 정도의 학교가 적당하지 않을까 합니다. 그 정도면 쓰고 싶은 학교와 갈 수 있는 학교를 적절히 배합하여 적절한 수의 지원이 가능할 것입니다. 이 이상 더 많이 쓸 수도 있겠지만 시간과 비용의 문제가 지나치게 커져 원서 작성의 완성도가 떨어질 수 있으니 주의할 필요가 있습니다.

4. 갭이어 *gap year* 를 그대로 두어도 괜찮을까?

Q. 불가피한 사정으로 회사를 나오게 되었습니다. 좋게 말하면 그만둔 것이고, 나쁘게 말하면 사실상 해고나 다를 바가 없는 상황입니다. 이 기회에 아예 미국 MBA를 지원하는 게 좋겠다는 지인의 권유로 MBA 준비를 시작하려 합니다. 한 가지 걱정되는 것은 지금부터 준비를 시작하면 원서를 낼 때까지 거의 1년을 무직으로 쉬게 되는 것인데, 이것을 미국학교에서 나쁘게 보지는 않을까 합니다. 그냥 시험공부하고 원서 낼 때까지 MBA에 몰두하는 것이 좋을까요?

A. 가능은 하겠지만, 권장할 만한 일은 아닙니다. 무직상태라고 해서 무능하다는 뜻은 아니겠으나 분명한 사실은 그 기간 동

안 아무 일도 안했다면 그것은 시간을 낭비했다는 뜻이니까요. 당연히 MBA 준비하고 시험 공부한 것은 미국대학원 입장에서는 '아무것도 안 한 것'입니다. 사실 가장 권장할만한 MBA 준비는 회사를 다니면서 하는 것인데, 이것이 여의치 않다면, 회사생활 이외에 다른 활동을 하면서 준비를 하셔야 합니다. 봉사활동, 벤처회사 인턴, 프리랜서 업무 등등 시간을 그냥 보낸 것이 아니라 새로운 경험을 쌓고, 새로운 생각을 할 수 있는 창의적인 시간을 축적했다는 인상을 줄 수 있도록 커리어 빌드업을 하셔야 합니다.

5. *M7 Business School*이란 무엇일까?

Q. 미국 MBA를 준비하면서 들은 이야기인데 가능하면 M7을 가라고 하더군요. 미국에서 가장 잘 알아주는 학교들이라면서요. 아이비리그와 M7은 좀 다른 것 같은데, 어떻게 이해하고 있는 것이 좋을까요?

A. M7은 흔히 하버드, 유펜, 스탠포드, MIT, 컬럼비아, 시카고, 노스웨스턴의 경영대를 일컫는 말입니다. 연원은 확실치 않지만, 이들 7개 대학 경영대가 비공식적인 회합을 결성하면서 만들어진 말로 알려져 있습니다. 이들 학교의 운영진들은 대략 2년에 한 번 정도 정기적인 모임을 가지면서 입학정보와 운영상황을 공유하는 것으로 알려져 있습니다. M은 Magnificent 혹은 Magic의 약자라고도 하는데, 후자보다는 전자일 확률이 더 커 보입니다. 왜 M7이 결성되었는지에 대

한 명확히 정리된 이야기는 없지만, 아마도 미국대학 학부의 아이비리그와 같은 형태의 연합체를 경영대에서 만들려는 일종의 시도에서 비롯된 것으로 여겨집니다. 따라서 아직 공식적인 명칭으로 굳어지지는 않았을지라도 M7은 미국 경영대의 아이비리그라고 생각하셔도 큰 무리는 없습니다. 다만 학부와 마찬가지로 M7에 포함되지 않았다고 해서 이들보다 못한 경영대라고 취급하는 것에는 동의할 수 없습니다. 예를 들어 예일대학교나 브라운 대학교의 경영대가 M7이 아니라고 해서 이들보다 더 못한 프로그램이라고 할 수 없는 것이죠. 아무튼 M7은 하나의 가이드라인이 될 수는 있겠지만, 이를 절대적으로 신봉하거나 추종하는 것은 경계할 필요가 있습니다. 본인에게 더 잘 맞는 학교와 프로그램을 택하는 것을 언제나 우선하시기를 추천 드립니다.

6. *MBA*를 진로 변경의 기회로 어필할 수 있을까?

Q. 이번에 MBA 준비를 시작하면서 아예 직종을 변경할 생각까지 하게 되었습니다. 전에 제가 일하던 회사는 무역회사입니다. 시차가 많이 나는 지역과의 업무 때문에 밤에 늦게 퇴근하거나 아예 밤을 지새우던 일이 많아 몸이 많이 망가졌어요. 그래서 이번 기회에 컨텐츠 개발과 관련된 직종으로 변경하려 하는데, 이것을 MBA 지원 시에 어필해도 괜찮을까요? 에세이나 인터뷰에 커리어 목표에 대해 말하라는 것들이 있던데, 여기에 새로운 목표로 제시하고 싶습니다. 가능할는지요.

A. 원칙적으로 불가능하지는 않습니다. 다만 걱정되는 것은 지원자 분이 새로운 경력, 즉 컨텐츠 개발과 관련된 일을 하기 위해 그 동안 어떤 노력을 한 것이 있느냐는 점입니다. 아무런 준비도 없이 MBA를 통해 기회를 만들겠다? 이것은 MBA 프로그램을 이용만 하겠다는 것이죠. 따라서 이런 방식의 접근을 좋아할 학교는 없습니다. 예를 들어, 유튜브나 다른 매체를 통해 컨텐츠 개발 경험을 쌓고 수익을 올려왔다. 이미 선행한 비즈니스 모델이 있다. 따라서 앞으로는 이와 관련된 분야로 적극 진출하고 싶다. 또한 새로운 분야이기는 하나 기존에 하던 일들과 상당한 연관성이 있다. 이런 식으로 합리성을 부여해서 설명을 할 수 있어야 어드미션 커미티를 설득할 수 있을 것입니다. 이런 합리성이 결여된 접근은 굉장히 위험합니다.

7. 남들보다 늦게 지원해도 괜찮을까?

Q. 생각보다 GMAT 점수가 나오지 않아 지원을 조금 뒤로 미루어야 할 상황입니다. 20~30점 정도 부족한 상황인데, 제가 정말 가고 싶은 학교에 1라운드에 지원하는 것은 무리라는 생각이 듭니다. 2라운드 지원으로 돌리려고 하는데, 들은 이야기로는 1라운드에 지원하는 것이 최선이라는 말도 있어서 어떻게 해야 할지 고민입니다.

A. 지원자님 같은 경우에는 2라운드 지원도 나쁘지는 않습니다. 정말 가고 싶은 학교에 꼭 필요한 점수라면 시간을 조금 미루

어서라도 점수를 확보하는 것이 맞겠죠. 하지만 이것은 가능하면 피해야하는 시나리오입니다. 1라운드에 지원을 하지 못한다는 것은 어쨌든 마이너스 요소가 발생한다는 것이니까요. 합격할 수 있는 자신의 쿼터가 있는데, 그 부분에 다른 지원자가 합격한다면 내가 필요한 점수를 받았다고 하더라도 다른 라운드에서는 충분히 떨어져도 이상할 것이 없습니다. 학교 입장에서는 필요한 사람을 뽑았으니까요. 다만 지원자 님 같은 경우에는 지원을 조금 미루어서 얻을 수 있는 이득의 크기가 지금 바로 지원하는 것보다 조금 더 클 확률이 높기에 그렇게 하시라는 것입니다. 특히 3라운드 이후에 지원하는 것은 거의 모든 경우에 득보다는 실이 큽니다. 만약 준비가 너무 부족하다면 차라리 다음 해로 미루는 것을 고민하는 것이 나을는지 모릅니다. 물론 예외도 있습니다. 경영이나 경제학 수업 등을 들은 것이 부족한 지원자들의 경우에는 1라운드에 경쟁하는 것보다는 이를 피해 나중에 남은 자리를 놓고 경쟁하는 것이 유리할 수도 있습니다. 일단 필요한 지원자를 다 뽑은 MBA 프로그램들은 남은 자리는 다소 특이한 상황에 놓인 지원자들에게 주는 경향이 있으니까요.

8. 추천서를 부탁할 때 주의해야 하는 사항이 무엇일까?

Q. 제 직속상사께 추천서를 부탁드리려 합니다. 미국에서 대학을 나오신 분이라 직접 쓰실 것 같고, 특별히 언어적인 문제는 없을 것 같습니다. 날짜만 정확하게 알려드리면 되는 걸까요? 아니면 이분과 특별히 공유해야 하는 사항이 있을까요?

A. 말씀하신대로 미국에서 학교를 나오셨다면 기본적인 사항들을 걱정할 필요는 없을 것 같습니다. 다만, 본인이 지향하는 원서작성 방향을 공유할 필요는 있습니다. 예컨대, 지원자 본인의 리더쉽을 강조하는 것이 원서작성 전략이라면 추천인인 직장상사 분이 이러한 점을 추천서에 반영해주실 수 있도록 조율하는 것입니다. 이것은 추천서를 내가 원하는 내용들로 채워달다는 것이 아니기 때문에 부도덕한 일도 아닙니다. "내가 이러이러한 방향으로 원서 준비를 하고 있으니 고려해 달라"라는 참고 정도의 정보를 드리는 것이죠. 이러한 과정을 통해 지원자분이 제출하는 원서의 통일성을 유지시켜 합격확률을 끌어올리는 것입니다.

9. 원서 제출 후에 추가서류를 보내도 될까?

Q. 제가 따로 제작해놓은 제 프로젝트 파일이 있습니다. 원서제출 하는 곳에는 딱히 넣을 공간이 없더군요. 원서는 제출했으니 이제 학교에서 제 존재를 알 것이고, 그러니까 이제 따로 우편으로 제 개인 자료들을 보내면 어떨까 합니다. 괜찮을까요?

A. 아무리 중요한 서류라도 특별히 학교에서 허락하지 않았다면 보내지 않는 것이 좋습니다. 어차피 버려질 가능성이 높으니까요. 특히 몇몇 학교는 웹상에서 '절대로' 추가서류를 보내지 말라고 하는 경우가 있는데, 이 경우는 더더욱 보내지 말아야 합니다. 오직 학교 측의 허락이 있을 경우에만 보내는

것이 좋습니다. 만약 특별한 언급이 없다면, 메일로 연락을 해보시고 보내는 것을 결정하시는 것이 현명할 것입니다.

10. 필수 수업요건을 채우지 못하면 무조건 떨어지나?

Q. 저는 학부에서 경영학이나 경제학을 전공하지 않았습니다. 공학전공을 해서 MBA에서 요구하는 필수수업을 다 채우지 못한 상태입니다. 회사를 다니면서 학점 은행제로 몇 가지 필요한 과목은 다 채웠는데, 한 두 과목은 시간상 다 이수하지는 못할 것 같습니다. 그래도 지원할 수 있을까요?

A. 권장할만한 상황은 아니지만 지원은 가능합니다. 한 두 과목 정도 비었다면 합격이 불가능한 것은 아닙니다. 아마 합격한 이후에 그 과목들을 따로 수업을 들어 이수하라고 한 후 조건부로 합격을 줄 수 있습니다. 물론 이것은 이상적인 지원환경이 아님을 다시 한 번 말씀드립니다. 게다가 한국의 학점은행제를 미국의 모든 학교가 인정해 준다는 보장도 없는 것이라, 최대한 수업을 들을 수 있도록 하는 것이 좋습니다.

11. 원서에 기입한 내용을 학교 측이 검증하려할까?

Q. 연봉이나 근속연수가 높으면 유리하다는 말을 들었습니다. 제가 직장 경력이 4년 정도인데 이것을 조금 과장해서 5년으로 쓰면 어떨까요? 또 연봉이 1억은 넘어야 합격에 유리할 것

같은데, 조금만 더 올려서 쓰면 1억이 됩니다. 학비 정도는 제가 낼 수 있다는 것을 보여줘야 합격에 유리하지 않을까 합니다.

A. 특별히 권장하고 싶지 않은 시도입니다. 미국 MBA 프로그램들이 지원자들의 정보를 일일이 다 검증하지는 않습니다만, 샘플링 식으로 몇 개의 정보는 체크를 해보는 경우가 충분히 있을 수 있습니다. 단순히 도덕적으로 옳지 않아서 일 뿐만 아니라, 실제로 위험한 시도가 될 수 있다는 것이지요. 회사에 이메일을 보낸다거나, 추가 서류를 요구하는 등 커리어에 비상식적으로 보이는 내용들에 대해서는 충분히 검증을 하려할 가능성이 있습니다. 굳이 무리하실 필요가 없습니다. 사실대로 기재하세요.

12. 비전공자는 *MBA*에 합격하기 어려운걸까?

Q. 저는 사회학을 전공했습니다. 대학을 졸업하고 기업에서 인사처에서 5년간 일했습니다. 그 동안 회사의 높으신 분들을 보좌하고 인력을 관리하는 일을 하며 MBA가 필요하다는 생각을 했고, 지원하고자 합니다. 다만 걱정인 것은 제가 경영이나 경제 전공이 아니기 때문에 합격에 불리하지 않을까 하는 생각입니다. 회사에서 비용을 받고 가는 전제조건이 탑 20 MBA이기 때문에 어떻게든 좋은 학교에 가야하는데, 제가 불리하지는 않을까요?

A. 크게 걱정하지 않으셔도 됩니다. 실제 미국 명문 MBA 프로그램들의 경영 혹은 경제학 전공자들 비율은 30%가 될까 말까 입니다. 나머지 70%는 관련분야 비전공자들이라는 것이죠. 학부에서 MBA와 전혀 상관없는 전공을 했다고 하더라도 직장에서의 경험이 어떤 의미에서는 더 중요한 만큼, 합격에는 큰 지장을 주지 않는다고 생각하시면 됩니다. 다만 지원에 필요한 필수 수업은 최대한 많이 들어두셔야 아무래도 편하게 지원할 수 있겠죠. 이 부분에만 신경을 조금 더 기울여 주시면 될 것 같습니다.

13. *GMAT* 혹은 *GRE* 시험을 많이 보아도 괜찮은 걸까?

Q. GMAT을 준비하고 있습니다. 모의시험을 봤더니 점수가 너무 안 나오더군요. 600점대 초반인데, 최종 목표는 700이상입니다. 상황이 이렇다보니 시험에 빨리 익숙해져야 겠다는 생각이 들어서 여러번 시험을 치르는 것은 어떨까 하는데, 이 경우에 불이익은 없을까요?

A. 3~4회 정도 시험을 보는 것은 크게 문제가 없습니다. 미국인들조차도 2~3회 정도는 응시하는 경우가 많기 때문에 외국인 지원자가 4번 정도 시험을 봤다고 해서 이를 문제 삼을 학교는 없을 것으로 보입니다. 다만 5회 부터는 다소 주의할 필요가 있습니다. GMAT이든 GRE이든 5회는 시험에만 매달리고 있다는 인상을 줄 수 있거든요. 게다가 5회나 시험을 봐서 점수가 잘나왔다고 해서도, 과연 이것을 믿어줄 수 있을

까, 즉 시험을 많이 봤기 때문에 점수가 잘 나온 것이지 실력이 있어서 점수가 잘 나온 것이라 볼 수 있을까라는 의구심을 불러일으킬 수 있다는 것입니다. 따라서 가능하면 4회 이내에 마무리하시기를 추천 드립니다.

14. *GMAT*이나 *GRE* 시험의 라이팅 점수가 낮으면 큰일이 난걸까?

Q. 라이팅 점수가 아무리 해도 3.5에서 머물고 있습니다. 이미 시험도 3번이나 쳤는데, 아무래도 제가 라이팅 능력이 없는 것 같습니다. 더 이상 시험을 볼 정신력이 남아있지도 않고, 이제 에세이에 집중해야 하는 시기인 것 같은데, 제 낮은 라이팅 점수가 큰 문제가 될까요?

A. 일단 점수 그 자체는 그렇게 큰 문제는 아닙니다. 탑10 프로그램이라면 문제가 될 소지가 있습니다만, 탑20 밖으로 지원하시는 경우에는 충분히 만회할 여지가 있다고 보입니다. 아무래도 라이팅은 버벌이나 퀀트 등에 비해 중요성이 떨어지는 섹션이라 너무 걱정은 하지 않으셔도 됩니다. 토플의 라이팅 섹션도 있고, 어드미션 에세이에서 만회하셔도 됩니다. 다만, 이런 지원자들의 에세이에 대한 기대도 떨어지기 때문에, 너무 예상 밖의 훌륭한 에세이를 제출하면, 다시 말해 노벨 문학상이라도 받을 듯한 영어로 훌륭한 에세이를 쓴다면 이 때문에 문제가 될 수는 있습니다. 즉, 3.5라면 기본적인 글쓰기가 안 된다는 것인데, 어떻게 어드미션 에세이는 이렇게

잘 쓸 수 있냐는 것이죠. 때문에 에세이를 잘 쓰실 자신이 있고, 실력이 있다면, 시험에서의 라이팅 점수도 어느 정도 받쳐주어야 합니다. 일관성이 유지되어야 한다는 것이죠.

15. 내 레주메를 어떻게 돋보이게 할 수 있을까?

Q. 학부 때 컴퓨터 공학을 전공했습니다. 동시에 경영학을 이중 전공했는데, MBA를 애초에 염두에 두고 있었습니다. 저희 과가 원래 학점을 정말 잘 안 주는 과라 경영학 이중전공에 필요한 학점을 못 받아서 경영학 이중전공을 하고 싶어도 못한 학생이 정말 많았습니다. 저 빼고는 거의 손에 꼽을 정도로 경영학 전공을 이중 전공한 컴공학생이 드문데 이 점을 레주메에 어필해도 될까요?

A. 물론입니다. 레주메에 그 점을 적는 것이 좋습니다. 질문하신 내용이 바로 다른 지원자와 본인을 차별화시킬 수 있는 실적이자 경험이기 때문입니다. 대부분의 지원자들이 이런 점을 레주메에 제대로 적지 않고 그냥 넘어가죠. 어떻게, 또 무엇을 해야 할지 모르기 때문입니다. 합리적으로, 또 객관적으로 어필할 수 있다면 최대한 어필할 수 있는 방법을 찾아야 합니다.

16. 낮은 대학 학점을 어떻게 보완할 수 있을까?

Q. 학부 학점이 낮습니다. 대학 2학년 때부터 가정 형편이 나빠져 아르바이트와 학업을 병행하느라 4학년 1학기까지 성적이 좋지 못합니다. 보완할 수 있는 방법이 있을까요?

A. 매우 안타까운 상황인데, 몇 가지 보완책이 있습니다. 우선 additional essay를 이용하는 것입니다. 거의 모든 학교가 additional essay에 이와 같은 사정 설명을 할 수 있게 해주고 있습니다. 이곳에 사정을 설명하고 낮은 GPA를 설명하는 방법이 있습니다. 두 번째는 MBA에 도움이 될 만한 경제학이나 수학, 회계학 등의 수업을 따로 듣는 방법입니다. 이는 주로 경영학 전공이 아닌 경우에 취할 수 있는 방법입니다. 세 번째는 GMAT이나 GRE 점수를 아주 월등하게 받아서 본인의 지적 능력을 어필하는 것입니다. 마지막으로 석사과정을 밟는 방법이 있습니다. MBA가 아닌 석사과정에서 성적을 우수하게 받았다면, 이를 학부학점에 대한 보완책으로 이용할 수 있습니다. 이런 방법들을 잘 활용할 수 있다면 낮은 학부학점에 대한 대책이 될 것입니다.

17. *MBA*도 편입이 있을까?

Q. 가고 싶었던 학교에는 모두 떨어진 상태이고, 크게 갈 의지가 없는 학교 한 군데에서만 오퍼가 온 상황입니다. 일단 이 학교로 가서 다른 학교로 편입을 하려고 하는데 가능할까요?

A. 현실적으로 쉽지 않습니다. 일단 어디든 MBA 과정을 밟고 있다면, 다른 학교는 그 지원자를 받아주려 하지 않습니다. MBA에는 편입이라는 개념이 존재하지 않기 때문입니다. 또한 이미 MBA 과정을 마친 경우에도 상황은 동일합니다. 이미 MBA 학위가 있는데 다른 곳에 또 같은 학위를 따러간다? 미국에서는 이런 학벌중독을 굉장히 경계하기 때문에 받아줄 가능성이 극히 희박합니다.

18. 회사에서의 리더쉽 경험이 부족하다면?

Q. 3년차 직장인입니다. MBA 준비를 시작했는데, 리더쉽 부분의 경력이 굉장히 부족하다는 걸 늦게 깨달았습니다. 아직 직장 경력이 부족하다보니 남을 이끄는 자리에 앉아본 적이 없는데, MBA 에세이나 인터뷰에서 이 점을 굉장히 중요하게 생각한다는 말을 들었습니다. 이것을 어떻게 보완할 수 있는 방법이 없을까요?

A. 리더쉽이라는 것이 꼭 어떤 직위를 의미하는 것은 아닙니다. 회사에서 어떤 프로세스를 개선하거나 임시라도 직장상사의 역할을 대신할 일이 있었다면, 그것도 리더쉽의 일부로 해석될 수 있습니다. 또한 리더쉽이 직장에만 적용되는 것은 아닙니다. 봉사활동이나 대학생활에서의 리더쉽도 충분히 답변에 활용할 수 있기 때문에 직장에서의 리더쉽 경험이 부족하거나 없다면 이런 것들로 답변을 작성하시면 됩니다. 요컨대

리더쉽의 범위를 좁게 해석하시지 말고, 크게 보시면 본인에게 맞는 답을 찾으실 수 있을 것입니다.

19. 어드미션 에세이는 *MBA* 합격에 어느 정도 영향을 줄까?

Q. 에세이 작성을 막 시작했는데, 시간은 부족하고 아이디어는 전혀 떠오르지 않아 막힌 상태입니다. 에세이가 합격에 큰 영향을 준다고 하던데, MBA 심사과정에서 에세이의 비중은 어느 정도 되나요?

A. 다른 입학 요소들, 다시 말해 GMAT이나 GRE 혹은 TOEFL 등의 영어성적, 학부의 GPA 등등의 요소는 지원자 개인의 사정을 정확하게 알 수 없는 것들입니다. 즉, 이런 객관적인 지표들은 지원자의 능력을 정량적으로 평가할 수는 있지만, 지원자의 잠재력과 고유의 특성에 대해서 알아보기에는 불가능한 요소들입니다. 지원자의 특성을 알아보려면 인터뷰를 해야 하는데, 이는 1차 서류검증 과정을 통과해야만 주어지는 기회이지요. 따라서 에세이는 인터뷰를 대신하여 지원자의 목소리를 직접 들어볼 수 있는 중요한 평가기회입니다. 단언컨대, MBA 합격에 가장 큰 영향을 주는 요소는 어드미션 에세이입니다. 물론 그 비중을 숫자로 말하기는 쉽지 않은 면이 있습니다만, 아무튼 최선을 다하실 필요가 있습니다.

20. 한 번 지원했던 학교를 다시 지원하려면 무엇을 준비해야 할까?

Q. 작년에 전략적인 실패로 지원했던 학교 모두에 떨어졌습니다. 5개 밖에 지원을 안 한 이유도 있고, 준비가 부족했던 것도 원인이었던 것 같습니다. 올해는 10개 학교에 지원을 하려 하는데 그 중 3개 학교는 작년과 겹칩니다. 다시 지원하는 것이 꽤 불리하다고 들었는데, 합격확률을 올리려면 어떻게 해야 할까요?

A. 잘 알고 계시네요. 한 번 지원했던 학교는 확실히 보강해서 지원하지 않으면 합격하기 어렵습니다. 일단 바꿀 수 없는 요소들, 즉 학부 GPA와 같은 대학 때 기록들은 어쩔 수 없는 것이겠죠. 따라서 바꿀 수 있는 요소들에 변화를 주도록 노력해야 합니다. 일단 GMAT이나 GRE 같은 영어시험 성적이 있을 겁니다. 최소 30~40점 정도 끌어올릴 수 있다면 합격에 도움이 될 것입니다. 또 한 가지는 추가 수업을 듣는 겁니다. 이미 학점은행제 등의 방식이 가능하겠죠. 경영학이나 수학 관련으로 MBA에 도움이 될 만한 수업에서 A를 받아서 이를 제출한다면 이 역시 확실히 도움이 될 수 있습니다. 그 밖에도 다른 직종에서 경력을 더 쌓는다든가 하는 방식으로 커리어를 더 빌드업하는 방법도 좋은 전략입니다.

21. 어드미션 에세이에 어린 시절 이야기를 적어도 괜찮을까?

Q. 제 성장과정을 적으라는 에세이를 쓰다 보니 아무래도 어린 시절 이야기를 해야 할 것 같더군요. 8살 때 아버지께서 저를 데리고 해외를 많이 돌아다니셨는데 이 경험이 제게는 굉장히 중요한 것이어서 에세이에 적고 싶습니다. 괜찮을까요?

A. 가능은 합니다. 하지만 그 정도 시점까지 시간적으로 거슬러 올라가야 한다면 반드시 지원자님에게 중요한 영향을 끼친 사건이어야 합니다. 즉, 논리적으로 그 때의 사건이 지원자님의 커리어에까지 영향을 줄 정도로 연관성을 확보한 경험이어야만 안전하게 내용을 전개할 수 있습니다. 어드미션 에세이의 분량이 굉장히 적다는 점을 고려하셔야 합니다.

22. 한 곳에서 경력을 쌓는 것이 유리할까?

Q. 직장 경력이 4년 정도 됩니다. 문제는 제가 이 기간 동안 직장을 3군데나 다녔다는 건데, 막상 다닐 때는 몰랐는데, MBA 지원하려고 보니 걱정이 되더군요. 한 곳에서 진득하니 오래있지 않은 제 경력이 마이너스가 되지 않을까 하는 생각이 듭니다. 괜찮을까요?

A. 직장을 여러 곳을 다녔다고 해서 무조건 마이너스는 아닙니다. 확실한 목표 하에 여러 경험을 쌓은 것이라면 오히려 합

격에 도움이 될 수도 있습니다. 반면 한 곳에서 4년 동안 있었다고 하더라도 특별한 경험을 하지 못하고 승진을 한 것도 아니라면, 이 역시 마이너스 요소가 될 수 있습니다. 결국 중요한 것은 어떻게 본인의 커리어를 설명하고 포장하는가에 달려있다고 할 수 있습니다.

23. 나를 잘 모르지만 직위가 높은 추천인은 괜찮은 걸까?

Q. 대기업에서 5년 동안 근무했습니다. 추천서를 써줄 수 있는 분 중의 한 분이 이름만 들어도 사람들이 알 수 있을 법한 회사의 높으신 분입니다. 전에 한 번 수행비서로 중국에 모시고 다녀온 적이 있습니다. 걱정인 것은 그 외에는 뵌 적이 거의 없다는 것입니다. 물론 저를 인지하고 계시기는 한데.,. 그래도 괜찮을까요?

A. 다소 걱정되는 면이 있습니다. 이 '높으신 분'이 추천서에 어떤 내용을 써주실 수 있을까요? 며칠 수행비서로 함께 있었던 경험만으로 지원자를 평가하기에는 경험의 깊이가 너무 얕습니다. 물론 좀 더 자세한 상황을 점검해보아야 하겠지만, 아마도 쉽지 않을 가능성이 상당히 높습니다. MBA 추천서는 다른 모든 형태의 추천서와 마찬가지로 지원자의 특성과 지향점을 명확히 이해하고 있는 분이 써주셔야 합니다. 지위가 높다고 해서 꼭 좋은 추천인은 아닙니다.

24. 대학교 교수님에게 추천서를 받아도 괜찮을까?

Q. 추천서 중 하나를 대학교 교수님께 받을까 생각 중입니다. 딱히 직장에서 써주실 분이 마땅치 않은 이유도 있지만, 더 중요한 것은 이 교수님이 제가 수업도 많이 들었고 저를 굉장히 아껴주시는 분이라 잘 써주실 것 같다는 생각이 들어서입니다. 큰 문제가 없겠죠?

A. 추천서가 2장인 경우에 이것은 추천 드릴만한 전략이 아닙니다. MBA는 지원자의 학문적인 면을 가지고 선발을 하는 곳이 아니죠. 교수님이 해주실 수 있는 이야기는 주로 학교수업에서의 학생의 학문적인 성향에 관한 것인데, 이렇게 되면 어드미션 커미티가 원하는 MBA 추천서가 아니게 되는 겁니다. 따라서 가능하다면 직장의 다른 상사 분을 찾는 것이 좋을 것 같습니다. 몇몇 학교는 3개의 추천서를 원하는데 이 경우에는 교수님에게 한 장을 부탁드리는 것도 문제는 없습니다. 다만 이 경우에도 추천서의 내용은 학문적인 것이 아닌 리더쉽 등 MBA에 특화된 내용으로 조정이 필요합니다.

25. 직종별로 유리함과 불리함이 있을까?

Q. 4년차 애널리스트입니다. MBA 지원을 준비 중인데 제 직종에서 지원하는 경우 유리하거나 불리한 면이 따로 있을까요?

A. 직종별 차이가 있기는 있습니다. 특히 미국인 지원자들의 경

우에는 그것이 명확하게 드러납니다. 예를 들어 컨설팅 회사, IT 분야, 금융 분야 지원자들은 확실히 그 수가 많습니다. 그렇다보니 이 직종의 경쟁이 가장 치열한 것이 사실입니다. 이 분야 지원자들의 경우에 그냥 커리어를 쌓기 위해 MBA에 지원했다는 인상을 줄 경우 합격확률이 확실히 떨어지게 됩니다. 가장 경계해야 할 지원전략이죠. 외국인 지원자들의 경우에도 마찬가지 룰이 적용되지만, 외국인 지원자라는 변수 때문에 그 경향은 상대적으로 덜한 편입니다. 하지만 여전히 동일 직종의 경쟁자들에 비해 특별한 무언가를 보여주어야 한다는 사실에는 변함이 없습니다. MBA 어드미션 커미티는 이 직종의 지원자들의 경우 '직종의 변경,' '새로운 프로젝트로의 도전,' '커리어의 변화' 등등 MBA가 무언가 전혀 새로운 도전의 계기가 됨을 보여주어야 한다고 생각하기 때문입니다.

26. 나는 소수자 우대 정책의 혜택을 볼 수 있을까?

Q. 미국 MBA에 도전하는 중인 30세 여성입니다. 저희 집이 가정형편이 좋지 않아 대학교 학비도 대출로 낸 후, 지금 제가 갚고 있고, MBA는 회사지원을 받아 도전 중입니다. 이런 점을 어필하면 제가 합격에 혜택을 받을 수 있을까요?

A. 지원자 분은 미국 MBA 프로그램에 어필할 수 있는 모든 소수자 요건에 해당됩니다. 우선 '여성'이라는 것입니다. MBA 프로그램은 여성이 차지하고 있는 학생비율이 가장 적은 분

야입니다. 애초에 지원자 중 여성이 많지 않은 이유가 가장 큽니다. 학교들도 여성을 더 뽑으려고 노력 중이지만 지원자 수가 워낙 적어 힘들어하고 있지요. 따라서 이 점을 어필할 수 있는 여지가 있습니다. 물론 '여성'이니 뽑아달라고 하면 안 되고, 여성이 처한 불리함을 극복하기 위한 나름의 노력을 어필해야 합니다. 또한 경제적으로 어려운 환경에서 성장했다는 것 역시 긍정적으로 평가받을 수 있는 요소이니, 이 점 역시 어필하시면 됩니다. 외국인으로서의 장점은 다양한 문화적 기여를 프로그램에 할 수 있다는 점이니, 미국인 지원자들이 할 수 없는 내 나름의 기여요소, 즉 내가 한 특별한 경험을 통해 형성한 지적 자산이 무엇이 있을까를 고민해보시면 좋을 것 같습니다. 아무튼 전체적으로 매우 긍정적이네요.

27. *MBA*도 입학 연기가 가능한가?

Q. 재정지원을 기대하고 있었는데, 합격에도 불구하고 학비와 생활비가 도저히 감당이 되지 않을 것 같아, 1년 정도 입학을 미루려고 합니다. 사정을 잘 설명하고 학교 측의 양해를 구하면 괜찮을까요? 꼭 가고 싶은 학교이기는 한데 비용문제 때문에 올해는 힘들 것 같아요.

A. 글쎄요... 말씀하신 이유로 연기신청을 하면 거절당할 확률이 높아 보입니다. 미국 MBA 프로그램들이 연기신청을 받아주기는 하지만 여기에는 일신상의 불가피한 사정이 있어야

합니다. 즉, 본인이 아프거나 가족의 병환 등 불가피한 사정이 필요한데, 학비 문제는 여기에 해당이 잘 되지 않습니다. 물론 100%는 아니기에 말씀해보실 수 있는 데까지 시도는 해보셔야 하겠지만, 돈 문제로는 설득이 쉽지 않을 수 있다는 것을 염두에 두시는 것이 좋습니다.

28. *wait list*에 올랐을 때의 대처는?

Q. 정말 가고 싶은 학교에 웨이트 리스트 되었습니다. 두 군데 다른 곳에서 오퍼를 받기는 했는데, 크게 가고 싶은 생각이 드는 학교들은 아니고, 비교적 안전하다고 생각해서 지원한 곳들이었습니다. 무한정 기다릴 수도 없으니 이제부터 어떻게 해야 할지 혼란스럽습니다.

A. 웨이트 리스트에 올랐을 때 가장 먼저 해야 하는 것은 자신의 상황을 파악하는 일입니다. 어드미션 오피스에 메일을 보내서 웨이트 리스트에 오른 학생들의 수가 어느 정도인지 파악하는 것이 가장 중요합니다. 탑 프로그램들은 웨이트 리스트 중에 10~20%만 합격할 것이라고 전제하고 대비를 하는 것이 좋습니다. 웨이트 리스트에 오른 학교가 꼭 가고 싶은 학교라면 어드미션 오피스에 계속 리스트에 최후까지 남아있겠다고 메일을 주고, 다른 서류를 보낼 수 있는지를 확인할 필요가 있습니다. 더 높은 GMAT 점수부터 다른 활동 기록, 표창장 등등 새로이 보낼 수 있는 것이 있고, 학교 측이 받아 준다고 하면 보내보는 것이 좋습니다. 다만, 만약 5월 초까지

합격 연락이 오지 않는다면 합격이 어렵다고 보고 다른 학교를 택해서 등록하는 것이 좋습니다.

29. 외국인 유학생들에게도 재정지원의 기회가 있을까?

Q. 재정적인 측면에서 비용을 혼자 다 부담하기는 어려울 것 같은데, MBA도 재정지원을 해주나요? 저와 같이 외국인 학생들도 장학금을 받을 수 있는지 궁금합니다.

A. 미국 MBA의 학비와 생활비는 엄청난 비용이죠. 미국인도 말할것이 없는데, 당연 외국인들 중 그 비용을 고스라니 다 부담할 수 있는 사람은 많지 않을 것입니다. 따라서 점점 더 많은 학교들이 외국인에게도 장학금의 형식으로 재정지원을 해주는 경우가 늘어나고 있습니다. 좋은 소식이기는 합니다만, 아주 확률이 높은 경우, 예를 들어 듀크 대학교 푸쿠아 경영 대학원 MBA의 경우에도 재정지원을 받는 외국인 학생 비율은 60% 정도입니다. 나머지 40%는 자기 비용으로 학교를 다니고 있는 것입니다. 게다가 재정지원을 받는 경우에도 대체로 학비의 50% 이상을 자신이 부담해야 합니다. 많게는 80% 정도의 학비를 부담해야 하는, 즉 재정지원이 20%밖에 이루어지지 않는 경우도 적지 않습니다. 따라서 각 학교에서 해주는 재정지원에만 목을 매서는 곤란합니다. 합격이 확인되면 해당학교의 오피스에 메일을 보내 외국인에게 loan을 제공해주는 프로그램을 찾아보는 등 다각도로 대책을 마련하실 필요가 있습니다.

30. 코로나 사태 이후의 *MBA* 대비 전략은?

Q. 코로나 사태로 인하여 여러 가지 변수가 발생할 것으로 보이는데 MBA를 준비하는 학생으로서 어떤 영향이 있을지 궁금합니다.

A. 2020년의 코로나 사태는 흔히 20세기 초 경제공황 이후 최고의 경제적 위기라는 말로 표현됩니다. 단순한 경제적 위기를 넘어 산업의 구조자체가 변할 것이라고들 말하고 있죠. 때문에 이를 기회로 새로운 지식을 배우려는 MBA 지원자들도 꽤 있을 것이라고 생각됩니다. 단기적으로는 세계적인 경제적 위기로 MBA 지원자가 감소해 한국인 지원자들에게는 불리하지 않은 지원요건이 형성될 것으로 보입니다. 경제적 불확실성의 증가로 MBA를 가려고 했던 지원자들 중에서도 도전을 미루거나 포기하는 경우도 늘 것으로 보여, 의지만 있다면 기존 요건보다 더 좋은 학교에 합격하는 것도 가능할 것으로 예상됩니다. 다만 MBA 합격자들에 대한 재정지원은 다소 줄어들 수 있으니 이 점은 인지하셔야 합니다. 장기적으로는 MBA 프로그램들이 비대면으로 학위를 취득할 수 있는 온라인 프로그램을 점차 강화시켜 나갈 것으로 보입니다. 어쩌면 앞으로 10~20년 후에는 이런 프로그램들이 주요 프로그램으로 정착될는지도 모르겠습니다. 여하튼 현재 미국 MBA를 준비하는 지원자들에게는 전반적으로 악영향은 없을 것으로 보입니다.